Ernst Brandes

Politische Betrachtungen über die französische Revolution

Ernst Brandes

Politische Betrachtungen über die französische Revolution

ISBN/EAN: 9783744672696

Hergestellt in Europa, USA, Kanada, Australien, Japan

Cover: Foto ©ninafisch / pixelio.de

Weitere Bücher finden Sie auf **www.hansebooks.com**

Politische

Betrachtungen

über die

französische Revolution

von

E. Brandes

geheimen Canzley-Sekretair zu Hannover.

———————

———————

Jena,

bey Johann Michael Mauke, 1790.

Der Zweck eines Buch's erhellt zwar am besten aus dem Buche selbst, allein, da bey der großen Anzahl neuer Schriften wenige Leser diese Prüfung sorgfältig anstellen, so scheint es nöthig zu seyn, sowohl die Absicht des Werks, als die Klasse des Publikums für die man schreibt, anzugeben. Eine Geschichte der französischen Revolution habe ich diesen Betrachtungen nicht voran schicken wollen, weil es eine unnütze Arbeit gewesen wäre, das Wenige was wir bis jetzt von der Geschichte wissen und was sich bereits in so vielen Schriften findet, hier aufs neue ausführlich zu wiederholen.

Für Leser die mit dem Hergange der Sachen in Frankreich völlig unbekannt sind, ist das vorliegende Werk daher nicht geschrieben. Wer aber nur einige Zeitungen, als die Gazette de Leide oder das Journal de Paris, aufmerksam gelesen hat und etwa Mounier's Exposé de sa conduite und Lally's seconde Lettre a ses Commettans aus der Uebersetzung, im Göttingischen Historischen Magazin, kennt, wird hinreichend von den Thatsachen unterrichtet seyn, die zu nachstehenden Betrachtungen Anlaß gaben.

A 2 In

In Rücksicht der Betrachtungen selbst, mache ich hier nur dieses bemerklich, daß nicht alle ausführlich und in gleichem Grade aus ihren ersten Gründen entwickelt sind. Hätte ich eine vollkommene Ausführung aller einzelnen Sätze vorgenommen, so würde ein System des Staatsrechts aus dieser Schrift entstanden seyn. Ein solches System zu schreiben war aber nicht meine Absicht. Nie würde ich übrigens die Feder ergriffen haben, wenn der Verfasser der Rezensionen der wichtigsten Werke die bey Gelegenheit der französischen Revolution erschienen im Julius der Allgemeinen Literatur-Zeitung, seine Gedanken dem Publiko in einem besondern Buche hätte vorlegen wollen, weil ich über alle hieher einschlagende wichtige Punkte fast völlig übereinstimmend mit ihm denke und es besser wie irgend jemand weiß, daß er alle Fähigkeiten, die zu einem solchen Unternehmen erforderlich sind, in sich vereinigt.

Hannover,
den 20ten Julius 1790.

Wenn

Wenn es wahr ist, was Pope sagt *), daß der Kampf eines großen Mannes gegen die Stürme des Schicksals das Herz erhebendste Schauspiel ist, das selbst den Göttern gelüstet zu schauen, wie viel stärker wirkend muß nicht der Anblick der Scene seyn, wenn ein ganzes großes geistreiches Volk sich der Sclaverey entreißt, für Freyheit gegen diese kämpft? Deutschland hat mit innigster Theilnahme der größten Begebenheit vieler Jahrhunderte zugesehen, so getheilt man auch über die Wahrscheinlichkeit des Ausganges war, so sehr sich auch die Wünsche unsrer Aristokraten und Demokraten entgegen standen. Jetzt scheint das Interesse des großen Hausens, das bey ihm vorzüglich an blutigen Auftritten hängt, abgenommen zu haben. Nach dem Vorfalle vom 6ten October konnte nichts die Aufmerksamkeit stärker spannen. Aber gerade jetzt, da wir die Berathschlagungen der National-Versammlung in einem nicht unbeträcht-

A 3

*) What with pleasure Heav'n itself surveys, a brave Man struggling in the storms of fate. *Pope's prologue to Addisson's Cato.*

trächtlichen Zeiträume haben verfolgen können, da wir
mit den Grundsätzen, dem Geiste und dem Charakter der
herrschenden Personen in derselben genauer bekannt geworden, da in dem Heere der Schriften, die in Frankreich seit der Revolution erschienen, doch einige treffliche
uns Licht über so manches ertheilen, jetzt, da wir von
dem Bau der neuen Verfassung bereits einen Theil übersehen, könnten wir etwas minder unvollkommnes, als
deklamatorische Briefe und Almanache erwarten *). Der
historische Theil des Anfangs der großen Veränderung ist
allein von Deutschen bearbeitet, noch dazu bearbeitet,
ehe wir Mounier's Exposé de sa Conduite und Lally's
seconde Lettre a ses commettans hatten, die uns einen
ganz andern Aufschluß über den wahren Hergang der
Sachen geben, und wie ist er bearbeitet, dieser historische Theil? Ist nicht in den meisten Werken alles darauf
angelegt, nur die Leidenschaften in Bewegung zu setzen,
eine Reihe von Gemählden, die in die Augen fallen, zu
liefern? Die Richtigkeit der Zeichnung ist bey Seite gesetzt, nur für den Effect ward gearbeitet.

Leidenschaft für Freyheit ist die edelste der menschlichen Neigungen, aber auch sie muß von der Vernunft
geleitet

---

*) Schultens Geschichte der Revolution ist, was die Richtigkeit
und Darstellung der in Paris vorgefallenen Thatsachen betrifft,
ein Werk von vielem Werthe. Die Franzosen haben über die
Begebenheiten im Julius in der Hauptstadt kein einziges, was
diesem an die Seite gesetzt werden könnte.

geleitet werden, damit uns nicht diese Leidenschaft, so gut wie jede andere, von dem rechten Wege abführe. Für la Fayette mag man uns immerhin die höchste Bewunderung einzuflößen suchen. Wer verdient sie, nach allem, was wir von ihm wissen, in Rücksicht der Entschlossenheit und Gegenwart des Geistes mehr als er? Auch ich glaube an Tugend, so warm, so eifrig, wie einer, aber nicht an die Tugend, den Patriotismus von bestochenen Garden und bestochenem aufgewiegelten Pöbel.

Um ein überdachtes Urtheil über die französischen Angelegenheiten zu fällen, scheint es durchaus erforderlich, über folgende Punkte gehörige Untersuchungen anzustellen:

I) War es nothwendig, daß eine große Veränderung in der französischen Verfassung entstehen mußte?

II) Konnte diese Veränderung ohne Revolution, das heißt ohne Einwirkung des bewaffneten Volkes, bewerkstelliget werden?

III) Ist itzt in Frankreich eine Verfassung gebildet, wie sie der Beschaffenheit des Reichs angemessen scheint?

In Rücksicht der beyden ersten Punkte würde ich mich kürzer gefaßt, ihrer vielleicht gar nicht erwähnt haben, wenn es nicht zur bessern Uebersicht des Herganges

der

der Sachen nöthig gewesen wäre, auch bey diesen etwas
zu verweilen.

I) War es nothwendig, daß eine große Veränderung in der französischen Verfassung entstehen mußte?

Jeder Staat, wo nicht das Volk entweder unmittelbar, oder durch seine von Zeit zu Zeit gewählte Repräsentanten, einen Antheil an der Gesetzgebenden Macht
ausübt, hat eine schlechte Verfassung.

Zufälliger Weise kann ein solcher Staat freylich gut
regieret werden, wenn sich Menschen von großem Geiste
und großem Charakter auf den Thron, oder in Aristo-
kratien im Senat, befinden. Wie selten aber mehrere
Regenten von vorzüglichen Eigenschaften auf einander
folgen, zeigt die Geschichte, da die Periode vom Trajan
bis zum Marc Aurel die einzige ihrer Art bleibt.
Die executive Gewalt muß nicht die constitutive gänzlich
in sich vereinigen, sonst entsteht der Despotismus eines
Sultans, so wie im umgekehrten Falle die Hydra der
Demokratie, die nur in einem sehr kleinen Staate von
höchst einfachen Sitten und einfachen Verhältnissen, in
einer Republik wie Gersau unbedenklich seyn kann. Die
executive Macht darf nicht allein, ohne Zuziehung der
Nation oder ihrer Repräsentanten Gesetze geben, und
muß auch gehörig controlirt werden, weil es im allgemeinen

meinen, in der Natur des Menschen liegt, nach Vergrö‑
ßerung der Gewalt zu streben, und gerade der executiven
Macht die wichtigsten Vergrößerungsmittel zu Gebote
stehen.

Das ganze Volk darf nicht weder seinen Antheil an
der Gesetzgebenden Macht noch die Controle der executi‑
ven in Staaten von einigem Umfange unmittelbar selbst
ausüben, theils weil zu zahlreiche Versammlungen zu
wild, tumultuarisch, ohne gehörige Mäßigung zu ver‑
fahren pflegen, theils weil die Menge zu sehr nach den
Eindrücken des Augenblicks handelt, und dadurch dem
Spiele arglistiger Demagogen ausgesetzt bleibt, die den
Launen des Volks schmeicheln. Der Antheil an der Ge‑
setzgebenden Macht und die Controle der executiven Ge‑
walt muß mittelbarer Weise von den Bürgern des Staats
durch Repräsentanten geführt werden; so wie es fast
allgemein anerkannt wird, daß in monarchischen Staa‑
ten die erbliche Verleihung der executiven Gewalt am zu‑
träglichsten für die Nation ist, eben so scheint es einem
großen Reiche zur Aufrechthaltung eines festen Regie‑
rungssystems überwiegende Vortheile zu gewähren, wenn
das Volk auch e i n e n T h e i l der Gesetzgebenden und
controlirenden Macht erblich verleihen läßt, oder wenig‑
stens, um den großen Nachtheilen, die leicht aus der
Verfahrungsart einer einzigen sehr zahlreichen Versamm‑
lung entstehen, die keine Schranken ihrer Macht kennt,
vorzubeugen, zwey Häuser oder Kammern zur Ausübung

der

der Gesetzgebenden und controlirenden Gewalt ernennt. Durch die Wahl der weisesten und angesehensten Männer des Landes wird der Zweck einer guten Controle allein erreicht.

Da nur Eigenthum im Staate den Menschen zum Bürger des Staats macht, so muß die Volksklasse ohne Eigenthum von dem activen Wahlrechte ausgeschlossen bleiben. Es scheint gar nicht nothwendig, daß alle Bürger im Staate sowohl Theil an der Wahl der Repräsentanten der Nation überhaupt, als in gleicher Maaße nehmen. Der Zweck, die weisesten und angesehensten Männer im Lande zu Stellvertretern des Volks zu erheben, wird wahrscheinlich eben so gut erreicht, wenn auch nur unter hunderttausend Staatsbürgern funfzigtausend das Wahlrecht besitzen. Hat das Herkommen einmal etwas über diesen Punkt bestimmt, so ist jede große Veränderung, wenn nicht die Erfahrung durchaus deren Erforderniß zeigt, ungemein bedenklich. Nur dieses ist nothwendig, daß die Wählenden nicht eine im Verhältnisse zu den Eigenthümern im Staate zu geringe Anzahl ausmachen, das Wahlrecht unter sehr viele Menschen vertheilt bleibt.

Den Volksrepräsentanten und der executiven Gewalt muß die Gesetzgebende Macht gemeinschaftlich zugehören. Wird die executive Gewalt von der Gesetzgebung ausgeschlossen, so läuft sie jeden Augenblick Gefahr, vernich-

tet

tet zu werden *). Die Herrschsucht der Demagogen achtet oft eben so wenig der Schranken, als der Wille der
Fürsten. Noch mehr, hat die executive Gewalt keinen
Antheil an der legislativen, so werden diese beyden immer einander entgegen gesetzt, im Streite bleiben. Die
nothwendige Harmonie und Einheit im Gouvernement
wird fehlen. Wie kann die executive Macht dazu gebracht werden, diejenigen Gesetze, die sie höchlich miß-
billiget, oft gut ausüben zu lassen? Diese Macht wird
überdem zum Phantome schwinden, an das sich jeder
Muthwillige reibt. Die Zeichen des Glanzes, der Würde, sind zu Zeichen der Verachtung herabgesunken.
Ein König, ohne Antheil an der constitutiven Macht,
trägt den Purpurmantel gleichsam ihm selbst zum Hohne.
Beständig gereizt durch den Anschein der Gewalt auf der
einen, und das Gefühl der würklichen Ohnmacht auf der
andern Seite, wird er sich früh oder spät der Bande,
die ihm die Verfassung auflegt, zu entledigen suchen.
Grade, weil er gar keine Macht hat, wird er mehr
Macht, als er gebraucht, zu erhaschen streben. Der
Staat wird durch die Folgen dieses immerwährenden
Streits entweder in eine Republik umgeschaffen werden,
oder noch wahrscheinlicher Schwedens Schicksal erfahren.

Eben

*) Montesquieu sagt vortrefflich: Esprit des Loix. L. II. C. 6.
Si la puissance executrice n'a pas le droit d'arreter les en-
treprises du corps legislatif, celui ci sera despotique; car
comme il pourra se donner tout le pouvoir qu'il peut ima-
giner, il aneantira toutes les autres puissances.

Eben so wichtig wie es ist, daß die executive Macht
einen Antheil an der constitutiven habe, bleibt es auch,
die Repräsentanten der Nation in einer gewissen Abhängigkeit von der Nation zu erhalten. Die Repräsentanten müssen nicht ihre Stellen auf Lebenszeit besitzen.
Alle Uebel der Aristokratie würden entstehen, wenn die
controlirende Gewalt ohne genugsame Controle bliebe, zu der die Volksmeinung schwerlich allein hinreichend seyn dürfte. Von einem schlechten Fürsten erlöset
noch der Tod. Von dem Nachfolger sind andere Ideen,
andere Systeme zu hoffen. Der Geist eines auf Lebenszeit erwählten einzigen Senats stirbt nie aus. Die nach
und nach hereintretenden Mitglieder theilen gewöhnlich
die herrschende Denkungsart des Corps. Um die Repräsentanten des Volks fest an das Interesse des Volks
zu knüpfen, bleibt kein anderes Mittel, als von Zeit zu
Zeit die Versammlung der Repräsentanten aufzuheben,
als eine neue allgemeine Wahl.

Zur Ausbreitung eines Gemeingeistes, zur Unterrichtung der Nation über die Denkungsart und das Betragen der Abgeordneten, denen sie ihr wichtigstes Interesse anvertrauet hat, ist es nothwendig, daß die Deliberationen der constitutiven Macht öffentlich geführt
werden, daß man sie durch den Druck bekannt mache,
daß bey wichtigen Gelegenheiten Listen erscheinen, aus

denen

denen man ersieht, wie ein jeder gestimmt hat. Wie sollen die Wählenden mit Zuversicht erfahren, welchen Antheil ihr Gewählter an den Geschäfften nimmt, als durch dieses Mittel? Wie können sie besser seine Grund-sätze, seinen Charakter beurtheilen lernen? Der große Haufe ist zwar selten fähig, die Gründe der geäußerten Meinungen hinlänglich zu prüfen, aber zur Bildung und Belehrung des bessern Theils dieses Haufens sind die Motive die die Verfügungen veranlaßten, ungleich we-sentlicher, als die Verfügungen selbst. Nichts wird mehr den Patriotismus der Edlen im Volke beleben, nichts sie mehr zu einer heilsamen Bewunderung führen, als die genaueste Aufmerksamkeit auf das Betragen großer Seelen in einer öffentlichen Lage. Durch die Be-kanntmachung der Debatten wird zwar oft eine gegensei-tige persönliche Bitterkeit verbreitet. Einige scharfsichtige kluge Männer, die den Nachtheil, der hieraus entstehet, lebhaft fühlen, haben daher die Meinung geheget, daß zur Unterrichtung der Wählenden von dem Betragen ihrer Committirten es hinlänglich seyn würde, wenn auf das Verlangen der ersteren die letzteren ihr Verfahren und dessen Gründe anzugeben hätten. Allein, wenn dieses häufig geschiehet, so wird dem, was man verhüten möchte, nicht vorgebeugt, tritt aber der Fall selten ein, so ist die Verhinderung der Ausbreitung eines Gemeingeistes, der am besten durch den Vortrag von Gründen für und wider eine öffentliche Ange-

legen-

legenheit erzeugt wird, die unvermeidliche verderbliche
Folge.

So wie die Controle der executiven Macht eines der
wichtigsten Geschäffte der Repräsentanten der Nation ist,
so bleibt die Controle dieser Repräsentanten, die theils
durch die periodischen Wahlen, theils durch die allgemeine Stimme des Publikums geführt wird, die erste Sorge der Nation. Die Stimme des Publikums kann aber
nur da rein und vernehmlich gehöret werden, wo Preßfreyheit herrscht. Durch Preßfreyheit kann jeder Ein-
wohner des Staats, er mag Staatsbürger seyn oder
nicht, durch Herkommen aktive Wahlfähigkeit haben,
oder dieser entbehren, auf Staatsverwaltung wirken,
executive und constitutive Macht controliren, seine Gedanken auf das schleunigste in Umlauf bringen und zur
Prüfung vorlegen.

Der Einfluß der Preßfreyheit ist so groß, daß man
leicht auf den Gedanken gerathen könnte, die Verfassung
eines Staats sey von gar keinem Belange: in einer uneingeschränkten Monarchie ohne Stände, wo nur Preßfreyheit herrsche, würde der Zweck einer guten Verfassung
hinlänglich erreicht werden; allein, einmal ist alles, was
von dem augenblicklichen Willen eines einzigen abhängt,
sehr unsicher. Wenn dieser Einzige noch so aufgeklärt
denkt, so kann es ihm doch vielleicht bey einigen Gelegenheiten beyfallen zu glauben, daß es einer Privatperson

nicht

nicht zustehe, über Staatsangelegenheiten öffentliche, ja sogar tadelnde Urtheile zu fällen *). Die Preßfreyheit wird also immer in Gefahr schweben, unterdrückt zu werden, einer Gefahr, der sie in Ländern, wo nichts gegen sie als mit Einstimmung der Repräsentanten des Volks unternommen werden kann, nicht ausgesetzt ist, weil diese gewissermaaßen ihre Existenz an die Preßfreyheit geknüpft fühlen. Zweytens wirkt die Preßfreyheit in Staaten, wo das Volk mittelbarer oder unmittelbarer Weise Theil an der Gesetzgebenden Macht hat, und die executive controlirt, äußerst lebhaft, weil es dort viele Menschen giebt, die einen aktiven und direkten Antheil an der Staatsverwaltung nehmen, der göttliche Funken also ein größeres Feld vor sich hat, in dem er doch einige finden muß, auf die er fassen kann; da die Preßfreyheit hingegen in uneingeschränkten Monarchien, wenn sie auch geduldet wird, so leicht ganz ohne Einfluß bleibt. Die Gewalt ist in diesen Staaten durchaus in den Händen weniger Menschen, in den Händen des Fürsten, der Minister, oder seiner und ihrer männlichen oder weiblichen Günstlinge. Wie unsicher ist es nicht, ob diese lesen, sich mit den Ideen ihres Zeitalters bekannt machen, vernünftiger Weise mit diesem fortrücken. Werden nicht oft die meisten von ihnen denken: Die Leute schreiben, was sie wollen, laß sie schreiben,

*) Worte des bekannten Preußischen Rescripts an den Herrn von Goekingk.

ben, was kümmert es uns? Die Aufklärung kann
Riesenschritte gemacht haben, und doch kann in den
Staaten der Art alles zurück gehalten werden. Es ist
umsonst, darauf zu rechnen, daß die angehende Generation, wenn sie hinaufrückt, die durch Preßfreyheit ver-
breitete Ideen sehr zum allgemeinen Besten anwende.
Derjenige Theil dieser Generation, der sich hinauf schwingt,
verlieret gewöhnlich die eignen Ideen die er hatte, und
bequemt sich zu denjenigen, die er vorfindet. Preßfreyheit klärt zwar den Verstand auf, aber zur Bildung des
Charakters, der noch mehr, wie der Verstand nothwendig ist, um gute Pläne durchzusetzen, hiezu nützt sie
allein wenig. Die beste Schule für den Charakter bleibt
immer das handelnde Leben. Nichts erhält den Charakter so sehr in einer gewissen Höhe, als wenn er öffentlich
vor den Augen seiner Mitbürger und gemeinschaftlich mit
ihnen handelt. Gewissermaaßen handelt zwar jeder
Mann in einem Amte öffentlich; aber wie schwach muß
nicht in Staaten, wo allein der Beyfall des Monarchen,
nicht des Volks, zu Ehrenstellen führt, der einzelne seiner Denkungsart nach noch so unabhängige Mann sich
fühlen. Preßfreyheit tröstet ihn wohl gegen einen un-
verdienten Fall, aber bewahren dafür wird sie ihn nicht.

Wie viel eine gute Verfassung zum Wohl des Staates und seiner Bürger beyträgt, wie unentbehrlich sie ist,
braucht in unsern Zeiten schwerlich noch eines Beweises,

aber

aber die jetzige herrschende Denkungsart erfordert, daß
man oft darauf aufmerksam machen muß, daß die am
weisesten gegründete Verfassung völlig unwirksam wird,
wenn nicht einzelne Menschen, durch die Stärke ihres
Charakters und Kopfes, den Geist der Verfassung aufrecht erhalten. Auf einzelne Menschen und die Denkart,
die diese in der Nation verbreiten und nähren, und nicht
auf den todten Buchstaben der Gesetze, wird am Ende
immer die Verfassung beruhen. Zur Bildung solcher
Menschen ist die Verfassung aber auch selbst wesentlich,
weil sie, wenn sie gut ist, den Menschen der Art den gehörigen Spielraum für ihre Kräfte verstattet, den eine
schlechte Verfassung vernichtet. Alle bisher vorgeschlagene Mittel, die Verfassung eines Staats gewissermaaßen
durch sich selbst verbessern zu lassen, vorzüglich durch
eine zu diesem Endzwecke periodisch anzustellende Revi-
sion der Verfassung, sind nicht allein höchst unvollkom-
men, sondern auch sehr gefährlich, indem sie in der
Anwendung fast unvermeidlich die größten Zerrüttungen
hervorbringen würden.

Nach diesen Voraussetzungen von demjenigen, was
ich eine gute Verfassung nenne, braucht es wohl keines
Beweises, daß Frankreich seit 1614. *) nicht einmal
mehr den Schatten einer guten Verfassung übrig hatte.

Die

*) Das letzte Versammlungsjahr der États généraux.

B

Die Administration war eben so scheußlich als die Con=
stitution schlecht war. Um einer theoretischen Vollkom=
menheit willen ist es thörigt, ja strafbar, die Ruhe des
Vaterlandes nur auf einen Augenblick in Gefahr zu setzen.
Hätte sichs unter der schlechten Verfassung gut wohnen
lassen, dann war es Pflicht nur langsame gesetzmäßige
Mittel zur Verbesserung dieser Verfassung zur Vorsorge
für die Zukunft anzuwenden; aber bey dem unerhörten
Druck jeder Art, der alles was nicht Protektion von
großen oder kleinen Tyrannen genoß, gewöhnlich unter
den meisten Ministern traf, bleibt es immer beynahe un=
glaublich, daß ein großes geistreichs Volk ohne einen
allgemeinen Aufstand zu erregen, diese Greuel so lange
dulden konnte. Abgerechnet, was Furcht wirkte, so
scheint auch Anhänglichkeit an den Nahmen und Rechten
des Königes, bis tief in dieses Jahrhundert hinein viel
zur Einschläferung und Beruhigung der französischen Na=
tion beygetragen zu haben.

Daß es anders in Frankreich werden möchte, Ver=
fassungsmäßig dort anders werden möchte, war wohl
der Wunsch eines jeden Freundes der Menschheit. Von
einzelnen guten Ministern stand nichts bleibendes zu er=
warten, denn ach! Turgot, Malesherbes und
Necker hatten regiert, und waren nicht alle ihre guten
Grundsätze und Plane mit ihren Administrationen ver=
nichtet? Wird derjenige noch unbeschränkte Monarchien
rüh=

rühmen, der den Fall dieser Männer erwegt, und die
Folgen ihres Falles? Es mußte nothwendig eine
große Veränderung in Frankreichs Verfassung
vorgehen. Ich schränke mich blos auf die Nothwen=
digkeit der Zusammenberufung der Stände ein. Die
Stände gebührten aber auch der Nation als ein Recht.
Sie waren nie abgeschafft worden. Steuren konnten
nur durch ihre Bewilligung rechtmäßig erhoben werden.
Daß man seit so langen Zeiten über ihre Einwilligung
hinausgegangen war, vermochte nicht Gewalt zum
Rechte umzuschaffen, da ein Verjährungsrecht, zum
Besten des Despotismus, sich wohl schwerlich behaupten
läßt *).

So wenig wie viele Anhänger des Despotismus in
Deutschland diese Zusammenberufung der Stände für uns
umgänglich halten; so ausgemacht scheint mir die Noth=
wendigkeit dieser Zusammenberufung gewesen zu seyn.
Ich bedarf dafür keines weitern Beweises, als daß

B 2   Calon=

*) Mouniers nouvelles observations sur les Etats generaux
liefern gute Beobachtungen und Thatsachen über Frankreichs
Stände. In Deutschland kennt man nur Mouniers Exposé,
nicht das angeführte Werk, noch seine Considerations sur
les Gouvernemens, die freylich keine neue aber doch selbst ge=
dachte Bemerkungen enthalten. Schriften von Männern, die
auf eine ausgezeichnete Art in großen Angelegenheiten handel=
ten, gaben die lehrreichsten Beyträge zur Geschichte und Poli=
tik, die ungleich wichtiger zur Bildung des Geistes von
Staatsmännern sind, als abstrakte Systeme.

Calonne, der Cardinal Erzbischof von Sens und Necker alle drey kein anderes Auskunftsmittel sahen. Wenn drey hinter einander folgende Minister von ganz verschiedenen Grundsätzen, voll von persönlicher Abneigung gegen ihre Vorgänger, alle drey nicht vom Systems geist eine freye Verfassung zu bilden angesteckt, auf ein und dasselbe Auskunftsmittel verfallen, bedarf man in diesem Falle für die Nothwendigkeit des Mittels noch mehr als eine solche Autorität? Die Lage der Sachen bewährt aber auch diese Autorität am besten. Durch einen sehr kostbaren Krieg und durch die ungeheuren Verschwendungen des Hofes war ein beträchtliches Deficit in den Finanzen entstanden. Da alle andere Mittel fehl schlugen und erschöpft waren, wollte man durch neue Auflagen helfen. Die Parlamenter setzten sich das gegen und drangen auf die Zusammenberufung der Stände. Alle Bemühungen, alle Machtsprüche, alle Gewaltthätigkeiten, die Parlamenter zum Nachgeben zu zwingen oder zu gewinnen, waren fruchtlos. Ohne ihre Beystimmung die Auflagen beyzutreiben, schien uns möglich. Ein allgemeiner Aufstand des aufs äußerste gedrückten und gereitzten Volkes wäre die sehr wahrscheinliche Folge dieses Schrittes gewesen. In einigen Provinzen war dieser Aufstand bereits ausgebrochen, nicht allein unter den niedern Volksklassen ausgebrochen. In Bretagne war der Adel an der Spitze der Aufrührer. Ein Nationalbankerott blieb eben so gefährlich,

und

und denn wer weiß, wie sehr der gerade ehrliche Charak=
ter Ludwigs des 16ten sich gegen dieses Auskunftsmittel
empört haben mag, der Charakter, dem man doch im=
mer einige Einwirkung in die großen Maasregeln zu=
schreiben muß? Die Zusammenberufung der Stän=
de war nothwendig. Eine Bemerkung, die hier sich
jeden aufdrängt, zum Trost für die Unterdrückung der
Menschheit aufdrängt, ist, daß gerade diejenigen Ursa=
chen, die in Frankreich, wie fast allenthalben, den
Despotismus am stärksten gründeten, auswärtige Kriege
und Verschwendungen des Hofes, die Hauptveranlas=
sungen des Sturzes des Despotismus in ihren Folgen
werden mußten. Wie kurzsichtig sind nicht die Menschen!
Wer konnte an diese Folgen bey den Plünderungen der
du Barry, dem amerikanischen Kriege und den glän=
zenden Festen der Königin denken!

Eine große Veränderung in der französischen Verfas=
sung war nothwendig, aber

II) Konnte diese Veränderung ohne Revolution,
ohne Einwirkung des bewaffneten Volkes,
bewerkstelliget werden?

Hier scheint beym ersten Anblick alles ausgemacht,
daß es keiner Einwirkung des bewaffneten Volks bedurfte.
Der König hatte die Stände gesetzmäßig berufen. Geist=
lichkeit und Adel waren bereitwillig, die Steuerfreyheit,

die

die dem Volke so sehr verhaßte Steuerfreyheit, aufzugeben. Es schien alles geschehen, und doch wie wenig
war im Grunde bey der Lage der Sachen, bey der
Stimmung der Gemüther, wirklich geschehen. Die
Hauptfehler rührten im Anfange von der Seite des Hofes
her. Zwey der hauptsächlichsten scheinen: 1) das un-
bestimmte über so viele wichtige Punkte in der Königlichen Zusammenberufung der Stände, 2) die
Verabschiedung von Necker.

Was den ersten Punkt betrifft, so war a) in dem
Königlichen Ausschreiben nicht genau bestimmt, wie die
Deputirten zu den Ständen gewählt werden sollten. Die
Vorschrift war zwar diese: Jeder Stand wählt die fest-
gesetzte Anzahl der Depütirten seines Standes; allein
dem einstimmigen Gutbefinden der drey Stände blieb es
überlassen, ob sie von der Regel abweichen und gemeinschaftlich, par ordres reunis, wählen wollten. In einigen Distrikten befolgte man die letzte Methode. Wahrscheinlich würde es einen sehr vortheilhaften Einfluß auf
die Wahlen gehabt haben, wenn man das, was man
nur Erlaubnißweise verstattete, zur unumstößlichen Regel gemacht hätte. Viele der heftigsten Aristokraten wären vermuthlich nicht gewählt worden, wenn der Tiers
Etat zu den Wahlen der Deputirten, der Geistlichkeit und
des Adels concurriret hätte, auch möchten wohl hie und
da einige sehr demokratisch gesinnte andern gemäßigt

den-

denkenden Platz gemacht haben. Zur Vermeidung der unglücklichen Extreme, zur Mäßigung des Geistes der drey getrennten Stände, mußte sicherlich eine veränderte Wahlart wirken. Gegen die Wahlen par ordres reunis ist zwar eingewandt, daß jeder Stand am besten die vorzüglichsten Mitglieder seines Standes kennen und wählen würde, daß hauptsächlich in der Geistlichkeit die Wahl nicht auf die nur ihren Mitbrüdern bekannte, den andern Ständen aber unbekannte Pfarrer, sondern auf die Bischöfe gefallen seyn dürfte, wenn die drey Stände gemeinschaftlich gewählt hätten, aber wo es ein getheiltes streitendes Interesse von Ständen giebt, da wird gewöhnlich Lebhaftigkeit für die Prärogativen des Standes für das größte Verdienst bey dem Stande gelten, und unpopuläre Bischöfe möchten schwerlich beliebten Pfarrern vorgezogen seyn.

b) War in dem Königlichen Ausschreiben festgesetzt, daß die Repräsentanten der Stände die Souhaits und Doléances des Volks dem Könige bekannt machen, und zu diesem Endzwecke Cahiers oder Instruktionen den Mitgliedern ertheilt werden sollten. Vermuthlich wollte man dieses, weil es immer so gewesen war, weil man es bey den vorigen Versammlungen der Stände so gehalten hatte. Es ist nirgend in dem Ausschreiben genau bestimmt, welchen Effect die Cahiers haben sollten. Sicherlich dachte man nicht daran, den Deputirten die Hände

B 4　　　　　　　　　　durch

durch diese Instruktionen zu binden *). Der König
wollte die Gesinnungen seiner Unterthanen wissen, sich
ihre Wünsche vortragen lassen, aber das freye Stimmrecht der Gewählten war dadurch nicht einzuschränken.
Ein guter Rath an die Committirten von Seiten der
Committenten, mehr sollten die Instruktionen nicht seyn,
das nehmliche, was sie in England sind, wo jedes Mitglied des Unterhauses sie befolgt, wenn es ihm gefällt.
Alle Deliberationen über Punkte, über welche die Cahiers
etwas bestimmten, wären völlig unnütz gewesen, und
dieser Punkte gab es eine große Anzahl, wenn man den
Cahiers, nicht den Deputirten, das Stimmrecht zustand.
Demungeachtet mußten die Deputirten ihre Instruktionen,
die nun den Nahmen Mandats imperatifs erhielten, beschwören. Bey sehr vielen wichtigen Gelegenheiten fühlte man die nachtheiligen Folgen dieser Mandate. Viele
vom Adel hatten geschworen: nie anders als in einer
besondern Curie zu stimmen, und nie den genannten
Prärogativen des Adels zu entsagen. Die meisten vom
Bürgerstande schworen: nie anders als gemeinschaftlich
mit der Geistlichkeit und dem Adel zu berathschlagen, in
nichts hinein zu gehen, als bis der Adel seinen Vorrech-
ten

---

*) Dieses erhellt aus folgenden Worten des Ausschreibens: et
feront les dits deputés munis d'inftructions et pouvoirs generaux et fuffifans pour propofer, remontrer, avifer et
confentir. p. 4. Lettre du Roi pour la convocation des
Etats generaux.

ten entsagt haben würde. Alle zarte Gewissen waren durch diesen Eid am billigen Nachgeben verhindert, alle steife Aristokraten und Demokraten durch diesen Eid noch steifer im Beharren bey ihren Grundsätzen geworden.

Nichts scheint natürlicher, als daß die Repräsentanten sich stets nach dem Willen ihrer Committenten richten müssen, aber nichts wirft so sehr den ganzen Endzweck des Repräsentationssystems über den Haufen, als grade die verbindlichen Instructionen. Denjenigen Männern, die die Nation für die weisesten und angesehensten hält, überträgt sie auf eine bestimmte Zeit den Theil der Gesetzgebung, den sie nicht erblich verliehen hat, und die Controle der executiven Macht. Die Nation muß, wenn sie die Vortheile des Repräsentationssystems genießen will, allem direkten Einfluß auf Souverainitätsrechte entsagen. Wenn sie grade zu mitwirkt, so entsteht Mangel an Zusammenhang, Unsicherheit in den Berathschlagungen — Die Repräsentanten sind nicht frey. Die Ueberzeugung, die durch das Debattiren entstehet, ist unnütz; wie kann der Deputirte eine eigne Meinung haben, wenn ihm vorgeschrieben wird, welche Meinung er haben soll? Sind ihm auch nur über einige Punkte die Hände gebunden, wie häufig wird nicht ein wesentlicher Widerspruch in seinem Betragen Statt finden, wenn er bald nach eignen Einsichten, bald nach fremden stimmet? Die Instruktionen enthalten widersprechende Grundsätze,

B 5

weil

weil aus ihnen der Geist des Eigennutzes athmet, jede
Stadt, jede Provinz nur für ihr eignes gegen das Wohl
anderer streitendes Interesse sorgt, der Deputirte aber
das beste des Ganzen, nicht des Cantons der ihn wählte,
zu besorgen hat. Oft, sehr oft, muß der Fall eintreten,
daß ein Staatskluger Mann über manches hinausgeht,
manches aufopfert, um andere größere Vortheile für das
allgemeine Beste zu erlangen. Das Volk urtheilet so
oft einseitig, sieht und fühlt nicht die Sachen im Zusam=
menhange. Der Nation kann bey dem Repräsentations=
system nur das übrig bleiben, ihre Deputirten durch
Gründe zu überzeugen, oder bey einer neuen Wahl an=
dere zu wählen. Diese mittelbare Einwirkung wird im=
mer Gewicht genug haben. Wenn auch Nachtheile von
dieser uneingeschränkten Stimmfreyheit der Repräsentan=
ten zuweilen entstehen; gewiß, das kleinere Uebel ist auf
dieser Seite. Will man, wegen der Ausschließung der
direkten Einwirkung der Nation auf ihre Repräsentanten,
das ganze Repräsentationssystem eine Fiktion nennen, so
mag man es immerhin thun. Ich bin überzeugt, daß
diese Fiktion der Repräsentation das nothwendigste Stück
einer guten Staatsverfassung ist. In Deutschland, wo
die meisten herrschenden politischen Ideen nicht aus eigner
Beobachtung von Staatsverfassungen und ihren Folgen
herrühren, sondern theoretische Cabinetsstücke sind, wo
man gegen das Repräsentationssystem durch Rousseau
und Zeitungsnachrichten von bestochenen englischen Par=

laments=

lamentsgliedern eingenommen ist, dürfte schwerlich die
Verwerfung der Mandats imperatifs gut aufgenommen
werden. In den amerikanischen Staaten aber, wo es
gewiß nicht an Theorien fehlte, war weder beym Con-
greſſe noch in den einzelnen Staaten von zu befolgenden
Inſtruktionen für die Deputirten die Rede. Ein neuer
Beweis der Weisheit der amerikanischen Gesetzgeber.
Die Unbeſtimmtheit im Königlichen Ausschreiben über die
Wirkungen und Kraft der Cahiers hatte gleich bey der
Verſammlung der Stände die unangenehmſten Folgen.
Ueber manche Fragen wollten manche der edelſten Depu-
tirten nicht ſtimmen, weil ihre Inſtruktionen mit ihrem
Gewiſſen im Widerspruche ſtanden.

Der biedere einsichtsvolle Lally-Tolendal ver-
theidigte zwar die Mandats imperatifs, fand sich aber
aus Liebe für das allgemeine Beste doch genöthiget, von
den Worten ſeiner Inſtruktion abzugehen, und für das
Anleihen von 30 Millionen zu ſtimmen, ungeachtet ihm
verboten war, vor Vollendung der Conſtitution ein Anleihen zu votiren *). Es blieb kein anderes Mittel zu
einer freyen Berathschlagung, zu einer unaufgehaltenen
Entschließung über mehrere der wichtigſten Fragen, als
die

*) Lally pieces juſtificatives p. 91. Lally ſucht ſeinem Ge-
wiſſen dadurch zu helfen, daß die Conſtitution, wie er das
Anleihen votiret habe, schon ſicher gegründet geweſen ſey.
Ob der vortreffliche Mann noch jetzt die Conſtitution für ſicher
gegründet halten mag?

die Mandate bey Seite zu setzen. Als Schranken gegen
den einbrechenden Strom der Demokratie würden sie wenig gefruchtet haben. Je mehr die demokratischen Ideen
sich ausbreiteten, je mehr wurden die Instruktionen von
dreisten Deputirten überschritten, mit dem Beyfalle der
Nation überschritten. Die Instruktionen hinderten bald
kein Uebel mehr, das Gute beförderten sie auch nicht.
Sie dienten nur zu einem Zankapfel, zu dem sie nie hätten dienen können, wenn ihnen in dem Königlichen Ausschreiben die gehörige bestimmte Bedeutung gleich Anfangs
beygelegt worden wäre.

c) War in dem Ausschreiben nichts darüber erwähnt,
ob die Beschlüsse der Stände nach der Anzahl der Mitglieder überhaupt, oder Curienweise genommen werden,
ob deliberation par ordre oder par tete gelten sollte.
Der König wollte auch diesen, den wichtigsten aller Punkte, dem Gutbefinden der Stände selbst überlassen; zuerst
sollten sie in Curien zusammen kommen. Die große Ver-
schiedenheit der Denkungsart einzelner Menschen, einzelner Deputirte, einzelner Provinzen über diese Frage war
allgemein bekannt. Allgemein bekannt war es, welche
Gährung in der ganzen Nation grade über diese Frage,
noch vor der Zusammenkunft der Stände herrschte, wie
alles auf der einen oder der andern Seite auf das leb-
hafteste Parten nahm, wie Protestationen und Gegen-
protestationen, Bündnisse und Gegenbündnisse erschienen.

Die

Die Erbitterung unter den Ständen war auf das äußerste gestiegen. Ließ sich da an eine baldige gutmüthige
Vereinigung denken? Mußte nicht jeder nur halb gute
Beobachter voraussehen, was wirklich erfolgte, daß die
Sitzungen der Stände auf das stürmischste Anfangen, die
Versammlung nur mit dieser Frage sich beschäfftigen würde? Um den streitenden Parteyen, die sich nur nach
einem langen Kampfe Vereinigungsmittel schaffen konnten, diesen Zwist und die nothwendig daraus fließende
Erbitterung zu ersparen, hätte von Seiten des Hofes
alles was die Form betraf vorgeschrieben im voraus auf
das genaueste bestimmt werden müssen. Welcher Menschenkenner wird der Bestimmung eines so lange unter-
drückten Volks, was nicht gewohnt war, frey zu handeln, sondern zu gehorchen, sich unbedingt nach Befehlen von oben herab zu richten, das jetzt eben gleichsam
wie aus einer langen Betäubung erwacht, die wichtigsten Einrichtungen über seine Versammlungsart überlassen? Die Achtung für alte Formen, die sonst fast allenthalben sehr wirksam ist, konnte in Frankreich wenig
oder nichts ausrichten. Die Form war nur in bestäub-
ten Chroniken, nicht in den Gemüthern der Menschen
aufbewahrt. Keiner konnte daran hängen. Die Form
war nicht eine bekannte Sitte der Väter, die die Herzen
der Kinder so stark fesselt. Es lebte Keiner, der die Zusammenberufung der Stände nach dieser Form gesehen
hatte, nicht einmal einer, dessen Eltern sie sahen.

Seit

Seit 175 Jahren war keine Versammlung der Stände
gehalten. Wie hatte sich nicht alles seit dem Zeitraume
verändert! Es war von innen und außen nicht mehr das
nehmliche Reich. Wie viel war nicht hinzugekommen,
und noch mehr wie sah alles so anders 1789. gegen
1614. aus. Wo waren die mächtigen Edelleute, die
Epernons, die Montmorencys jetzt? Wo vormals die mächtigen Handelsstädte? Wie unendlich weit
war die Denkungsart zwischen den beyden Epochen ver-
schieden! Wären die Versammlungen der Stände unun-
terbrochen von 1614. bis 1789. fortgeführt, wahrscheinlich hätte sich alles nach und nach in ihrer Einrichtung
nach den veränderten Umständen modificirt, aber bey
einer durchaus verschiedenen Lage 1789. eben da anzufangen, wo man 1614. aufgehöret hatte, wer mochte
dazu, bey der ganz veränderten Stimmung des größten
Theils der Nation, rathen? Geistlichkeit und Adel konnten nicht mehr wie vorhin die präponderirenden Stände
seyn. Die ehemalige Versammlungsart der Stände war
noch dazu nichts weniger als genau bestimmt. Nur in
den vier letzten Versammlungen war Curienweise deliberiret worden *). Aber wie viel ließ sich nicht mit triftigen
Gründen dagegen sagen, daß gerade die vier letzten Etats
generaux, die in den unruhigsten Zeiten bey dem Uebergewicht einer Partey gehalten waren, zur Norm dienen
sollten?

*) Man sehe Mouniers Nouvelles Obfervations fur les
Etats generaux.

sollten? Der Hof getrauete es sich selbst nicht die Form von 1614. zum Muster für 1789. vorzuschreiben. Man ließ das Staatsschiff in die offene See, ohne zu wissen, wer am Ruder stehen würde. Dem dritten Stande war die Hälfte der Mitglieder ertheilet; allein was nützte ihm dieses so lange Curien übrig blieben, so lange die privilegirten Stände, Adel und Geistlichkeit zwey Stimmen gegen eine ausmachten. War es wahrscheinlich, daß französische Geistliche und französische Edelleute sogleich gutwillig den Forderungen des dritten Standes zu einer Vereinigung die Hände bieten würden? Gerade über Fragen, wo dem einen Stande alles an der Stimmenzählung nach Kopfzahl lag, mußte das Privatinteresse der andern Stände alles in Bewegung setzen, die Stimmung durch Curien aufrecht zu erhalten. Zwey Auswege boten sich dem Ministerio dar: entweder gleich festzusetzen, daß die Stände nur eine Versammlung ausmachen sollten, dem Tiers Etat das gutwillig zu geben, was er hernach an sich riß, oder, wenn man den unbändigen unaufhaltbaren Strom einer einzigen Versammlung fürchtete, ein Oberhaus zu errichten, das auf mannichfaltige Art zu organisiren stand *). Noch war alles in der Gewalt

*) Man hätte entweder die Deputirten der beyden ersten Stände in eine Kammer bringen, oder aus den Herzogen und Pairs, den Ministern und ersten Bedienten der Krone, mit Zuziehung der vornehmsten Häupter der angesehensten Familien und der geachtesten Männer des Landes eine wirksame Cour

walt des Königes. Eines prädominirenden Einflusses gesichert, würde der dritte Stand sich nicht gegen ein Oberhaus gesetzt haben, und Geistlichkeit und Adel wären leicht zu gewinnen oder wenig zu fürchten gewesen.

Vor der Zusammenberufung der Stände war alles in den Händen des Königs. Wie viel hätten sich nicht dazumal auch die unruhigsten Köpfe gefallen lassen? Der unbenutzte Augenblick war aber vorüber, und kam nicht wieder, sobald die Stände versammlet waren, selbst mit sprechen konnten.

Das Resultat aus dem gesagten scheint dieses: Entweder war in dem französischen Ministerio Keiner, der den Geist der Nation kannte, und die wahrscheinliche Verfahrungsart der Versammlung der Stände ahndete, einer Versammlung die sogar nach den Worten des Ausschreibens berufen war: pour etablir, suivant les vœux du Roi, un ordre constant et invariable dans toutes les parties du Gouvernement, oder die Minister, wenn sie alles kannten, alles ahndeten, hatten nicht Macht genug,

Cour des Pairs, ein Oberhaus bilden können. Große Schwierigkeiten fanden sich freylich bey der Annahme eines jeden Projekts, aber sicherlich die größten bey demjenigen alles auf Gerathe-Wohl gehen zu lassen, das man befolgte. Bey einem Oberhause würden die Deputirten des Volks doch gewiß die prädominirende Macht geworden seyn, wei. ihnen die Finanz-Angelegenheiten ausschließend zukamen, und keine Mehrheit der Stimmen von 2 Kammern gegen sie Statt fand.

genug, die weisesten Vorkehrungsmittel durchzusetzen.
Es ist unmöglich, hier zu entscheiden, da das meiste er
geheimen Geschichte aller Verhandlungen vor und während der Versammlung der Stände noch völlig dunkel
bleibt. Wenn man aber alles bekannte zusammenhält,
so wird es äußerst wahrscheinlich, daß im Ministerio
keiner war, der genugsam den herrschenden Geist in
der Nation kannte, noch die mächtige Art ahndete, wie
er sich in der Versammlung ihrer Deputirten äußern
würde. *) Dieser Vorwurf trifft besonders Neckern,
als damaligen dirigirenden Minister.

Es ist das unangenehmste Geschäffte eines Ge-
schichtforschers, große Männer tadeln zu müssen. So
selten kennt man noch dazu die ganze Lage dieser Männer. Durch den Ausgang belehrt, sieht der schwächste
Kopf oft ganz anders, als der stärkste Kopf im Gewühle des Handelns nicht sehen konnte; aber abgerechnet,
was Necker würklich voraussehen mogte und doch nicht
ändern

*) Die von Neckern veranstaltete Zusammenberufung der
Notablen, über die vorzuschreibende Form der Wahl zur
Versammlung der Stände, hätte schon allein heilsame Winke
geben können. Man befolgte nicht die Meynung der Majorität der Bureaux der Notablen, wie es scheint, aus guten
Gründen: aber wie wenig der Minister Herr in einer großen
Versammlung seyn würde, zeigte sich schon aus dem Hergange dieser, und doch war der Wink den Ministern nicht stark
genug.

C

ändern konnte, abgerechnet, daß wir den Ausgang vor
uns haben; so scheint Necker nicht der Mann, der ei=
nem großen Staate die Form einer Verfassung vorzeich=
nen, nicht der Mann, der die wenigen Menschen an
sich ziehen, mit ihnen gemeinschaftlich handeln konnte,
die zur Bildung der Constitution am brauchbarsten,
am wirksamsten seyn mußten. Necker bleibt dennoch
ein großer Mann, und dieses kann zur Beherzigung der
kleinen Köpfe und kleinen Seelen, die jetzt in allen Ecken
Deutschlands über ihn spötteln mögen, die ihn zu über=
sehen vermeinen, weil er zu dem schwersten Werke, zu
dem je ein Mensch aufgefordert ward, nicht vollkommen
paßte, nicht oft genug gesagt werden, wenn je einer
diesen Nahmen verdiente, der entfernt vom System=Gei=
ste die größte Ordnung und Klarheit in das verwor=
rene Labyrinth der Finanzen eines großen Reichs brach=
te, vielen Mißbräuchen der Administration abhalf, dem
groben Eigennutz gänzlich fremd, nur für die Pflichten
seines Amts lebte, und bey allen Gelegenheiten eine
unerschütterliche Festigkeit des Charakters zeigte. Aber
an constitutionellen Planen und Aussichten, an Kennt=
niß der Menschen, noch mehr an der so seltenen Gabe
gemeinschaftlich mit Menschen handeln zu können, ihre
Wünsche, ihre Ideen mit der größten Leichtigkeit mit den
seinigen zusammen zu schmelzen, sie nicht durch eine
prunkvolle Theatergröße zu verscheuchen, nicht sich, son=
dern andere Menschen sprechen zu hören, daran fehlte

es

es Neckern, das waren nicht seine hervorstechenden
Seiten. Er war zum besten Administrator in einer
uneingeschränkten Monarchie geschaffen, aber nicht zum
ersten Minister bey einem eben frey werdenden Volke.
Neckers Schriften und Reden mögen das gesagte be=
weisen. Bey einer aufmerksamen Durchlesung seines
Werkes über die französischen Finanzen in dieser Rück=
sicht, wird man fast keiner constitutionellen Blicke ge=
wahr. Freylich konnte er 1784 das nicht vorausse=
hen, was jeder noch 1788 als einen abentheuerlichen
Traum verlacht haben würde. Allein ein Kopf voll
von Ideen über Staatsverfassungen, würde sich doch
bey mehreren Gelegenheiten verrathen haben, da er sich
hingegen nur auf Turgots Plane von den Provinzial=
assembleen beschränkt, von denen er einige zur Wirklich=
keit gebracht, und in diesem dem dritten Stande die
Hälfte der Stimmen ertheilt hatte; dem Volke hinge=
gen entzog er, vielleicht aus nicht schlechten Gründen,
sogar die Wahl zu diesen Versammlungen, die ihm
Turgot geben wollte. Necker beachtete nicht den
Geist der Zeiten. Fast unerklärlich bleibt es, wie er,
der so gut die Ausbreitung der Ökonomistischen Ideen
kannte, nicht sorgsamer war, ihrem Einflusse in der
Nationalversammlung durch anders denkende Deputirte
entgegen zu arbeiten. Er scheint sich allein auf seine
persönliche Einwirkung verlassen zu haben. Necker
hatte keine Partey in den drey Ständen. Nirgends

findet

findet man Spuren, daß die besten Köpfe, die wirksamsten Menschen in ihnen, genau mit Neckern zusammenhingen, mit ihm rathschlagten. Mounier, der
durch das, was er im Dauphiné ausrichtete, schon
gleich bey seiner Erscheinung in Versailles eine der
wichtigsten Rollen zu spielen versprach, scheint fast
durchaus keine Verbindungen mit den Ministern gehabt
zu haben. Lally, der ungleich mehrere Connexionen
mit dem Hofe hatte, sagt ganz bestimmt: „Dadurch, daß
Necker der königlichen Sitzung vom 23ten Junius
nicht beywohnen wollte, erhielt er zum erstenmal ein würkliches Gewicht, credit reél, beym dritten
Stande. „Unter dem Adel und der Geistlichkeit war
gewiß die Anzahl von Neckers Freunden nicht groß,
auch Lally scheint mit ihm gar nicht genau zusammen gehängt zu haben. Ohne in einer innigen Verbindung mit gleich denkenden Männern von Gewicht
in den drey Ständen zu stehen, die gemeinschaftlich entworfene Plane auszuführen vermogten, Organe des
Ministers hätten seyn können, begieng Necker den unverzeihlichen Fehler, sich nicht in die Versammlung der
Stände wählen zu lassen, von der vorauszusehen war,
daß, wenn sie wirksam werden sollte, wenn man nicht
entschlossen war, Gewalt gegen ihre Ansprüche zu gebrauchen, der größte Theil der Macht im Königreiche abhängen müßte. Unmöglich konnte ein Menschenkenner glauben, die Versammlung durch lange Abhandlungen oder

feyer

feyerliche Reden bey gelegentlichen Erscheinungen gehö=
rig zu lenken, die nothwendige Harmonie und Einheit
zwischen der executiven Macht und der Nationalversamm=
lung erhalten zu können; eine Einheit, die allein durch
die stete Gegenwart und Regsamkeit eines persönlich
mit einem großen Theile der Volksrepräsentanten ver=
verbundenen Ministers erhalten werden kann. Necker
suchte nur den Credit, den eine ehrfurchtsvolle Be=
wunderung giebt. Er war gewiß, diesen als Admini=
strator des Landes unter der alten Verfassung zu verdie=
nen. Bey veränderter Lage der Umstände, war der
Einfluß nicht hinreichend und nicht daurend. Aller der
benannten großen Fehler des Hofes oder der Minister
ungeachtet, hätte vielleicht dennoch eine öffentliche Tren=
nung zwischen der executiven und constitutiven Macht
vermieden werden können, wenn der Hof stillschweigend
der Anmaaßung des dritten Standes, sich für die Natio=
nalversammlung zu erklären, zugesehen hätte. Der drit=
te Stand erzwang eine Vereinigung der Stände, die
der König gleich hätte gebieten sollen, um sich dadurch
an die Spitze des dritten Standes zu setzen und durch
seinen Einfluß auf diesen die beyden übrigen Stände ge=
gen zuweit getriebene Forderungen zu schützen. Anstatt
den Plan zu befolgen, erfolgte die königliche Sitzung
vom 23sten Junius, ganz wider Neckers Willen.
Sie zeigte nur die Ohnmacht und die Erbitterung der
Aristokraten. Diese wollten sicherer gehen, zogen eine

C 3 　　　　　Armee

Armee bey Paris zusammen — Necker ward
verwiesen.

2) Die Verabschiedung Neckers war das
Werk von Menschen, von denen einige alles, auch das
äusserste daran wagen wollten, um die angemaaßten
Vorrechte ihres Standes, vielleicht auch die der Krone
und der alten Verfassung, aufrecht zu erhalten, von
denen andere völlig gefühllos für die Folgen, die für
subalterne Werkzeuge daraus entstehen möchten, trun=
ken in dem Bewußtseyn ihrer angebohrnen Größe, sich
sicher glaubten, daß bis zu der Gottheit ihrer Personen
die Wuth der von ihnen so innigst verachteten Erden=
söhne nicht dringen würde, durchaus nichts mehr
von Aristides dem Gerechten hören, durchaus eines Man=
nes los seyn wollten, der nichts weniger als eine bieg=
same Hofmaschiene war, der Prinzen zum Trotze, selbst
denken wollte. Die Verabschiedung Neckers war
eine That ohne Nahmen. Nach demjenigen, was nach
dem 23ten Junius vorgegangen war, mußte man die
schrecklichsten Bewegungen fürchten. Man fürchtete sie
würklich, denn darum ward die Armee zusammen ge=
zogen, darum sollte sich Necker eiligst entfernen. Wenn
sich gleich der Ausgang des Sturmes nicht berechnen
ließ, so hätte eben deswegen jeder Schritt, dessen Fol=
gen nicht abzusehen waren, vermieden werden müssen.
Wahrlich! diejenigen, die Neckers Verbannung ries
then,

then, ſind Schuld an allem Uebel, was Frankreich drückt.
Hiedurch ward gleichſam der Damm gebrochen, der das
Volk von einer direkten Theilnahme an der Veränderung
der Staats = Verfaſſung abgehalten hatte, itzt ſchien die
traurige Wahrheit klar, die Veränderung könne nicht
ohne Revolution, ohne Einwirkung des bewaffneten
Volkes, bewerkſtelliget werden.

Ob es wahr ſeyn mochte, daß der Hof gewaltſa=
me Anſchläge auf einige Mitglieder der National = Ver=
ſammlung unterhielt, muß die Zukunft aufklären, genug,
daß ein jeder nach dem Schritte, begleitet von der Zu=
ſammenziehung der Armee und der Ernennung ſolcher Mi=
niſter, alles glauben, alles fürchten mußte. Wer ver=
mag, ohne die klarſten hiſtoriſchen Beweiſe, zu ent=
ſcheiden: Ob würklich die neuen Miniſter die Abſichten
hegten, die Worte ſagten, die man ihnen beymaß *).
Die innere Wahrſcheinlichkeit hilft hier gar nicht aus.
Was kann ein von ariſtokratiſchem Uebermuth aufge=
ſchwellter, und von Unempfindlichkeit und groben Egois=
mus zuſammengeſetzter franzöſiſcher Miniſter nicht alles
ſagen? Was können die zu den ſchändlichſten Abſichten,
zur Aufwiegelung des Volks, erkaufte Emiſſarien nicht
alles erdichten? So viel wiſſen wir durch Lally, daß
der König ſelbſt bey ſeiner Anweſenheit in Paris im Ju=
lius, als Moreau de St. Mery der ſchwarzen An=
ſchläge

C 4

*) Qu'il falloit faucher Paris comme un pré et qu'on en de-
vait promettre le pillage aux troupes;

schläge gegen die Haupt = Stadt in seiner Rede erwähn=
te, das Vorhaben förmlich ableugnete.   An Ludwigs
des 16ten Wahrheits = Liebe vermögen nur wüthende
Demokraten zu zweifeln; Aber ob die Minister dem Kö=
nige alles sagten, was sie vorhaben konnten, bleibt ei=
ne andere Frage.   Nur muß man gegen alle in solchen
Gährungen ausgestreueten Gerüchte billig äußerst miß=
trauisch seyn, da es noch dazu erwiesen ist, wie Spitt=
ler aus den besten Nachrichten sehr gut gezeigt hat *)
daß noch vor der Revolution Schändlichkeiten in Menge
vorfielen.   Zu diesen Schändlichkeiten, von denen meh=
rere wahrscheinlich sehr früh planmäßig angeleget wa=
ren, die nach den Umständen betrieben, erweitert wur=
den, und sich am Morgen des 6ten Octobers in ihrer
höchsten Größe zeigten, rechne auch ich die Haupt = Ursa=
che des Abfalls des größeren Theils der französischen
Garden. Der fanatische Demokrate Desmoulins **)
ist offenherzig genug, selbst zu sagen, daß die Soldaten
durch Essen, Trinken und Mädchen gewonnen wären.
Mounier und Lally geben deutliche Winke.   Der
letztere sagt ausdrücklich, daß späterhin, etwa im Oc=
tober, in einem Tage 50 tausend Livres dem Volke
aus=

*) Im Göttingischen historischen Magazine. Die neuere
Rechtfertigung des Prinzen von Lambesc giebt auch einen
Beweis, wie viele von den ausgesprengten Gerüchten grund=
los waren.

**) Revolutions de France et de Brabant.

ausgetheilt wären. Was vom Anfange der Sitzung der
Stände an im Palais royal vorgieng, sollte das
gar keinen Zusammenhang mit der im October erfolg=
ten eiligen Abreise des Herzogs von Orleans nach
London haben? In das einzelne aller Schändlichkeiten,
die um das Volk aufzuwiegeln, Anfangs von der Par=
tie des Palais royal und hernach auch von Aristo=
kraten gespielt werden möchten, ist es unmöglich, hin=
einzugehen, weil wir nicht über die Machinationen ge=
hörig unterrichtet sind; aber das darf man nicht unbe=
merkt lassen, daß die angelegten Schändlichkeiten wohl
selten zu Planen gebraucht wurden, die ein Unpartheyi=
scher dem allgemeinen Besten zuträglich hätte finden mö=
gen. Selbst nach dem Jesuitischen Grundsatze, daß der
Zweck die Mittel heilige, stehen, nach dem, was wir
muthmaaßen können, wenige dieser Mittel zu rechtfer=
tigen. Die Absichten der geheimen Urheber des Abfalls
der französischen Garden scheinen nicht die reinsten.
Die Sache an sich hat allenthalben viel Streit veran=
laßt. Die abstrakte Frage, in wie fern die Soldaten
sich den Befehlen ihrer gesetzmäßigen Anführer widerse=
tzen, und sogar gegen solche Befehle aktiv handeln dür=
fen, halte ich jedoch, wie viele solcher abstrakten Fra=
gen, keiner Untersuchung werth, da auf die einzelnen
Umstände, die im allgemeinen nie recht genau zu bestim=
men sind, fast alles ankömmt. Zudem scheint mir die
weitläuftige Erörterung dieser Frage sehr leicht von äuß

C 5

ferst

ferſt bedenklichen Folgen ſeyn zu können, wenn man ſie
auf eine zu lebhafte Weiſe unter das Militair bringen
wollte. Männer voll von erhabenen Gefühlen für
Menſchheit, ergreifen im Colliſions-Falle doch gewöhnlich die rechte Partey, ohne die mindeſte Bekanntſchaft
mit caſuiſtiſchen Regeln, die hingegen leicht den großen
Haufen verwirren, und den Pflichten ſeines Standes
abgeneigt machen *). Schändlichkeiten haben gleich zum
Anfange

*) Mir ſcheint in England alles geſchehen zu ſeyn, was in ei-
nem Frey-Staate, in Beziehung auf das Verhältniß der
Armee zum Staate, geſchehen kann. Das weſentlichſte bleibt,
nur National-Truppen zu halten, und Männer von einigem
Vermögen, oder aus den angeſehenſten Familien, vorzugs-
weiſe zu Officieren zu ernennen. Burke ſagt in ſeiner
Rede vom 9ten Februar 1790 ſehr richtig: „An armed, dis-
„ciplined body is, in its eſſence, dangerous to liberty;
„undisciplined it is ruinous to ſociety. Its component
„parts are, in the latter caſe, neither good citizens, nor
„good ſoldiers. What have they thought of in France,
„under ſuch a difficulty as almoſt puts the human facul-
„ties to a ſtand? They have put their Army under ſuch
„a variety of principles of duty, that it is more likely to
„breed litigants, petty foggers and mutineers, than ſol-
„diers.“ Durch den Eid dem Könige, der Nation und den
Geſetzen zu gehorchen. „In England we have in ſuch a
„difficulty as that of fitting a ſtanding army to the ſtrate
„done much better. We have not diſtracted our army
„by divided principles of obedience. We have put them
„under a ſingle authority, with a ſimple, our common,
„oath of fidelity; and we keep the whole under our an-
„nual inſpection. This was doing all that could be ſa-
„fely done.

Anfange der Revolution mitgewürket; allein die Revolution schien nöthig, weil alles auf dem Spiele stand, jeder glauben mußte, daß die freyen Berathschlagungen der National-Versammlung in äusserster Gefahr schwebten. Eine Revolution ist fast immer von den traurigsten Folgen begleitet, und kann daher nicht sorgfältig genug vermieden werden. Man kann wohl voraussehen, was durch eine Revolution umgeworfen wird, aber nie, was an die Stelle des zerstörten kommt. Den Liebhabern von Revolutionen können diese alltägliche Wahrheiten nicht zu oft wiederholt werden. Im Julius schien es jedoch mit vieler Wahrscheinlichkeit, daß alles für Frankreich verloren sey, daß das ärgste, was das Volk unternehmen würde, nicht so schlimm werden könne, als was vom Hofe zu erwarten stand. Das fürchterliche Uebel der Einmischung des Volks erfolgte, das würklich in dem Augenblicke das anscheinend kleinste Unglück unter zweyen sehr großen war. Es ist soviel von den Freunden der Freyheit mit Grunde gegen die großen Städte gesagt; aber um gerecht zu seyn, darf man auch den Einfluß der Stadt Paris auf den Sturz des monarchischen Despotismus nicht unberührt lassen. Was hätte das arme unschuldige zerstreute Landvolk ausrichten können, wenn nicht der entscheidende Schritt von Seiten der Hauptstadt geschehen wäre? Die schrecklichen Auftritte der Hinrichtung Launays und Flesselles müssen jeden gefühlvollen Menschen empören, allein zu bewundern bleibt es, daß an dem Tage nicht mehrere solcher Scenen, kein größeres Blutbad vorfiel. Nachdem der König in der Nationalversammlung erschienen war, allen ihren Forderungen nachgegeben hatte, blieb das bringendste Bedürfniß dieses, das Volk auf das schleunigste von aller unmittelbaren Einwirkung wieder auszuschließen, Sicherheit und Ruhe herzustellen, und der Justiz des Pöbels ein Ende zu machen. Die executive Gewalt war vernichtet. Nur durch die Nationalversammlung konnte alles dieses geschehen. Am 20sten Julius that Lally den weisen Antrag, zu einer Proklamation zu dem erwähnten Zwecke. Die wichtigsten Männer der Zeit unterstützten diesen Antrag, aber umsonst. — Er ward vorzüglich durch Mirabeau's Bemühungen verschoben. Am 22sten Julius erfolgte die gräßliche Kannibalische Scene der Zerfleischung Foulons und Berthier's, auch nach dieser konnte noch Mirabeau Lally vorwerfen, daß er nur fühle, wo man denken müsse; das Chatelet erschien durch eine Deputation in der Nationalversammlung, und beschwor sie, die Ruhe wieder herzustellen, beschwor sie, de rendre le calme a leurs tristes foyers. Nun ward Lally's Antrag zwar angenommen, aber mit solchen Abänderungen, die ihm alle Kraft raubten, seine Wirksamkeit durch übertriebene Milderung vernichteten. So wie diejenigen, die Neckers Verabschiedung riethen, lediglich Schuld an der Empörung des Volks waren,

ren, eben so scheinen alle blutige Auftritte, die herunter bis diesen Augenblick Frankreich beflecken, in dem schwachen Betragen, um den gelindesten Ausdruck zu gebrauchen, der Nationalversammlung gegründet. Wäre Lally's Antrag gleich angenommen, hätte die Nationalversammlung gemeinschaftlich mit den neuen Ministern, die dazumal ihr ganzes Vertrauen besaßen, die Wiederherstellung von Ruhe und Ordnung auf das nachdrücklichste betrieben, wäre das Militair und die eben errichtete Nationalgarde zu diesem Endzwecke gebraucht, hätte man den ersten Stöhrer der öffentlichen Sicherheit nach einem kurzen Standrechte der Erhaltung des inneren Friedens aufgeopfert, in dem Augenblicke, da die Republik Paris und alle andere Republiken im Reiche noch keine genugsame Consistenz erhalten hatten, sehr wahrscheinlich wäre durch kühne entschlossene Schritte der Nationalversammlung, allem Greuel der Anarchie und Pöbelswuth vorgebeuget worden. Gegen die Licenz der Presse, gegen aufrührische Schriften, die Mord, Sengen und Brennen athmeten und von der größten Einwirkung waren, gegen viele mit aller guten Ordnung unvereinbare Auftritte einiger Districte von Paris, hätte man gleich anfangs, und selbst noch späterhin, bis in den letzten Tagen, mit mehrerem Nachdrucke verfahren müssen, allein nichts von dem allen geschah. Ueber die Preßfreyheit ist noch nichts abseiten der Nationalversammlung erlassen, nur einige Anordnungen für die

Stadt

Stadt Paris sind von der Stadt selbst gemacht. Das
schwache Betragen der Nationalversammlung in dieser
wichtigsten Lage mag bey vielen Gliedern aus einem, aus
Furchtsamkeit für die Zügellosigkeit des Volks und aus
Argwohn gegen die Folgen der Verstärkung der executiven Macht herrührenden Irrthum des Verstandes her-
zuleiten seyn. Bey einigen sehr wirksamen Mitgliedern
lag es am Willen. Dem rasenden Pöbel sollte kein Einhalt geschehen, weil man seiner zu gewissen geheimen Absichten noch bedurfte.

Die Einmischung des Volkes war unglücklicher Weise auf einen Augenblick nothwendig geworden, um die
Freyheit der Nationalversammlung zu erhalten. Wie
hat nun aber diese ihre Freyheit gebraucht?

**III) Ist itzt in Frankreich eine Verfassung gebil-
det, wie sie der Beschaffenheit des Reichs
angemessen scheint?**

Die Verfassung existirt zwar noch nicht vollständig,
aber fast alle Hauptzüge derselben sind entworfen. Der
Geist, der in der Versammlung das Uebergewicht behauptet, hat sich auf das deutlichste gezeiget. Diesen Geist
zu entwickeln und daneben gelegentlich einige der wichtigsten Decrete in ihrem Zusammenhange unter einander
zu untersuchen, soll der Gegenstand dieses Abschnittes
seyn.

Vor

Vor allem bleibt es sehr zu bedauren, daß wir so
weniges mit Zuverläßigkeit über den Character der han=
delnden Personen in der Nationalversammlung wissen.
Was darüber von beyden Seiten in das Publikum ge=
kommen, trägt so auffallend den Stempel der größten
Parteylichkeit, Mouniers vortreffliches Exposé und
Lally's eben so wichtige seconde Lettre ausgenommen,
hat im einzelnen so wenig charakteristisch individuelles,
daß ein Geschichtsforscher ungleich eher einige mit vielem
Witze geschriebene satyrische Charakterisirungen Englischer
Minister, wie deren mehrere in England herausgekom=
men sind, die wenigstens das Bild von einer Seite,
zwar in Carricatur, aber doch bestimmt, vorstellen, zu
seinem Endzwecke gebrauchen könnte. Die *Adresse aux
Provinces*, die so oft ins Deutsche übersetzt, und mei=
nem Gefühle nach sehr unrichtig B e r g a s s e n zugeschrie=
ben worden, das *Interet et cris des Provinces*, das
Domine salvum fac Regem, die bekanntesten dieser ge=
gen die herrschende Partey in der Nationalversamm=
lung gerichteten Broschüren, können unmöglich als siche=
re Quellen genußt werden. Manches darin mag wahr
seyn, aber wer kann sich auf anonyme Schmähschriften,
die durchaus von keiner genauen Bekanntschaft der darin
beurtheilten Charaktere zeugen, berufen? Was Des=
moulins und andere Democraten gegen Mounier
und mehrere haben drucken lassen, ist eben so elend, als
das von Aristokratischer Seite erschienene. Die Galle=
rie

rie des Etats generaux, die sehr wahrscheinlich nicht
von Mirabeau herrührt, enthält, unter einigen gut
gezeichneten Portraits, viele höchst mittelmäßig gerathe-
ne. Ueberhaupt stehet hier wohl die Bemerkung nicht
am unrechten Orte, daß die französische Literatur der
deutschen nicht mehr den Vorwurf machen kann, daß
auch die dem Inhalte nach schlechtesten französischen Pro-
dukte gut geschrieben wären. Es ist unglaublich, wie
sehr das, was jetzt in Frankreich von beyden Seiten
täglich anonymisch erscheint, in Rücksicht des Styls ver-
nachläßiget ist. Unsere elendesten deutschen Schriftsteller
schreiben nicht schlechter. Es sind Rhapsodien des Augenblicks, wahrscheinlich geschrieben, um den Hunger
des Augenblicks zu stillen. Wenn man den Charakter
im Ganzen kennt, so wird jede einzelne Handlung und
Aeußerung weit richtiger beurtheilt, als wenn aus diesen die Zusammensetzung des Ganzen erfolgen soll. Bey
den wenigen Quellen bleibt das letztere aber der einzige
Weg. Wir können die vornehmsten Mitglieder der Nationalversammlung, die Beyträge abgerechnet, die uns
Mounier und Lally liefern, nur aus demjenigen,
was sie in der Nationalversammlung gethan haben, kennen lernen. Die Debatten sind bis jetzt unsere einzigen
unverwerflichen, obgleich sehr mangelhaften Urkunden.
Schildern sie uns die Charaktere zwar sehr unvollkom-
men, so lernet man desto vollständiger die Ausbreitung
gewisser Ideen, die Systeme der verschiedenen Parteyen,

aus

aus ihnen. Wir sehen hinlänglich, wie es in den Köpfen der wirksamen Mitglieder der Nationalversammlung aussieht, wenn uns schon ihre Herzen, ihre Privatabsichten, meistens verschlossen bleiben. Ich habe mich vorzüglich der Redaktion der Debatten, die im Journal de Paris sich findet, bedient. Der Artikel von der Nationalversammlung in diesem Journale ist von Garat dem jüngern, Deputirten zu der Nationalversammlung, der bey der demokratischen Partey in großem Ansehen stehet. Ein gleiches Ansehen hat das Journal de Paris selbst, wie die von wichtigen Personen so oft darin mitgetheilte Nachrichten am besten bewähren. Am sichersten geht man immer, wenn man jede Partey aus ihren Defensionsschriften beurtheilt. Die Demokraten in Frankreich tragen ihre Grundsätze auch so offenbar vor, daß die Demokraten sich selbst am besten richten.

Der herrschende Geist in der Nationalversammlung hat sich sehr nach den Umständen modificirt. Wie die Stände noch getrennt waren, hörte man in dem dritten Stande ganz andere Ideen, eine ganz andere Sprache, als vor der Revolution im Julius. Nach dem 6ten Oktober trat wieder eine große Veränderung ein. Die Denkungsart einer Partey, die sich immer mehr nach und nach verstärkte, erhielt durch diese Abwechselungen das entscheidende Uebergewicht. Das ganze jetzige System dieser Partey existirte Anfangs gewiß nur

D   in

in wenig Köpfen. Wie Lally in die Versammlung trat,
waren zwar schon Cabalen da, wahrscheinlich Cabalen
von beyden Seiten, sowohl durch die Aristokraten, die
sich doch dazumal noch von dem Gefühle ihrer Gottheit
betäubt, nicht so lebhaft rühren mochten, als vom Palais royal her, veranlaßt. In der Mitte Junius sagte
schon einer, wie wir durch Lally wissen, daß man keiner königlichen Sanktion der Dekrete bedürfe, aber die
Democratie royale mochte doch nur in wenig Köpfen
ausgebildet seyn. Theils durch die Furchtsamkeit vieler,
theils wegen der im Oktober erfolgten Entfernung einer
beträchtlichen Anzahl, worunter sich die wirksamsten
Mitglieder befanden, theils weil die einmal herrschende
Partey in jeder großen Versammlung sich immer ver-
größert, mußte das kleine, fast unmerkliche Uebergewicht
bald an Kraft außerordentlich gewinnen. Zudem ließen
sich die Demokratischen Ideen so gut an die metaphysi-
schen spekulativen Ekonomisten Ideen anreihen, von denen so viele Menschen bereits angesteckt waren, man
schien um so zusammenhängender, bündiger, zu räson-
niren, jemehr man von Principien überhaupt schwatzte,
jemehr man halb wahre Grundsätze bis zu den aben-
theuerlichsten, unpassendsten, aber consequenten Folgerungen hintrieb; die eigne Wichtigkeit der Mitglieder
der National-Versammlung mußte auch außerordentlich
gewinnen, wenn man die königliche Macht herabsetzte,
die Gewalt der Nation aber, die auf eine gesetzmäßige

Art

Art am nachdrücklichsten durch ihre Repräsentanten reden
konnte, auf Unkosten jener erhob,

Der größte Theil der Deputirten war nicht pra͛
ctisch zu dem gewaltigen Werke einer Gesetzgebung vor͛
bereitet. Wo hätten sie auch dazu vorbereitet werden
können! In ihrem Vaterlande gewiß nicht, denn was
einzelne, als Land-Stände in den Provinzen gethan
und gesehen haben mochten, konnte unmöglich hinläng͛
lich dazu wirken, in ihnen die nöthigen Erfordernisse
zu Gesetzgebern für ein großes Reich auszubilden. In
den Versammlungen der Provinzialstände dürften wohl
selten Aussichten über Staatsverfassung im großen er͛
zeugt werden. Es galt dort nur den Privilegien ein͛
zelner Stände und der Repartition der Auflagen.
Die Parlamenter und Advocaturen waren auch keine
gute Schulen in dieser Rücksicht. Gefesselt durch den
esprit du corps, durch Formen, klebten die Glieder die͛
ser Stände entweder zu sehr am hergebrachten, oder
giengen, wenn sie das nachtheilige davon gefühlt hat͛
ten, ganz in das andere Extrem über. Menschenkennt͛
niß lernt sich selten in dem engen Kreise der Gerichts͛
höfe. Dort muß man die Sachen immer einzeln, nie
im Zusammenhange betrachten. Schon die nothwendi͛
ge genaue Beobachtung der Form beengt den Gesichts͛
punkt. Die kleine bisherige Theilnahme an den Ge͛
setzgebrischen Geschäfften scheint die Parlamentsglieder

nur

nur selten zu der Denkungsart von Staatsmännern
erhoben zu haben. Durch die von Calonne veranstaltete Versammlung der Notablen war auch zu diesem
Endzwecke wenig ausgerichtet. Nur wechselseitige Ver-
bitterungen hatte diese Versammlung erzeugt. Vom
Auslande mußte die Bekanntschaft mit freyen Verfassungen hergeholet werden. Wahrscheinlich waren wenige
Mitglieder in der Nationalversammlung, die die Englis-
sche Verfassung in England selbst beobachtet hatten,
aber aus Büchern und Zeitungen kannte man sie, und
gerade diejenigen Bücher hatten das Uebergewicht, die
der Constitution Großbritanniens nichts weniger als
günstig waren. Die Nord Amerikanische Staaten
kannten mehrere aus eignen Wahrnehmungen. La
Fayette und so viele Offiziere hatten in Amerika gedient, die Denkungsart mancher war dort gebildet.
Unglücklicher Weise traf es sich, daß grade die Amerikanischen Verhältnisse so wenig auf Frankreich paßten,
daß die Verhältnisse der Amerikaner, die innerlichen
sowohl, wie die äusserlichen, ungleich einfacher, ungleich
weniger verwickelt, als die Französischen waren. In
Amerika gab es nichts umzustürzen, keinen Adel, keine
privilegirte Stände. Die neue Verfassung eines jeden
einzelnen Staats ward dort nur eine gelinde Ausbil-
dung der alten, mit weniger Veränderungen. Die
Menschen blieben bey ihren Gesetzen, ihren Gewohnheiten. Das einzige, was die Amerikaner lange und

lebt

lebhaft beschäfftigte, war die Organisirung ihres Con=
gresses, des gemeinschaftlichen Landes der dreyzehn
Staaten. Welch ein verschiedenes und leichtes Werk,
gegen das, was man in Frankreich zu thun hatte!

Die einzige existirende Verfassung, von der meh=
rere Deputirte eine anschauliche Erkenntniß besaßen,
taugte nicht zum Vorbilde, und doch war ihr Einfluß
auf die Bildung der Constitution Frankreichs ausser=
ordentlich groß. Noch mehr, als man in der würkli=
chen Welt gefunden hatte und nahm, schöpfte man
aus Büchern. In keinem Lande, bey keinem Volke,
haben je Schriftsteller so viel zu dem gänzlichen Um=
sturz einer alten Verfassung beygetragen, als sie es in
Frankreich thaten. *) Voltaire hatte mit einem
D 3   bezaus

*) Fast sollte man fürchten, daß dasjenige, was wir in unsern
Tagen dort gesehen haben, die Fürsten anderer Staaten ab=
geneigt und streng gegen die Ausbreitung philosophischer po=
litischer Ideen machen könnte. Wenn das aber auch der
Fall wäre, so sieht man es an dem Beyspiele Frankreichs ge=
nau, wie wenig Verbote und alle gewaltsame Mittel, an
denen es dort gegen die Schriftsteller nicht fehlte, die viel=
mehr daselbst in einem weit härtern Gräde gegen sie, als an=
derswo angewandt wurden, auszurichten vermögen, wenn der
Geist der Zeiten einmal den Gang genommen hat. Nur
Untersuchung muß der Untersuchung entgegen gesetzt werden.
Hat die Stimme des Publikums einmal laut und entschei=
dend sich wider alle Einrichtungen erklärt, so bleibt der sicher=
ste Weg, allen Anfällen von eigenmächtiger Einwirkung des
Volks

bezaubernden Witze, und so oft mit der Sprache der
gesunden Vernunft, gegen das tyrannische und drückende mancher Einrichtungen geeifert. Er ward in allen Klassen, in allen Ständen gelesen. Aufgebauet hatte Voltaire nichts, er riß nur nieder. Montesquieu wirkte freylich nur in einem kleinern Haufen, aber mächtig und stark. Wir, die wir auf seinen
Schultern stehen, und jetzt manches anders und richtiger sehen müssen wie er, sollten nie vergessen, was
wir dem großen Manne schuldig sind, dessen Geist der
Gesetze, an Reichthum von Ideen, Scharfsichtigkeit und
Feinheit in Beobachtungen und Erklärung historischer
Ereignisse, nicht seines gleichen hat, wenn es schon dem
abstrakten systematischen Theil des Werks an Bündigkeit
und gehöriger Ausführung der Grundsätze mangelt. *)

Mon-

Volks vorzubeugen, wenn die Regierung selbst ihre Hand auf
eine gelinde und allmählige Art, an die Verbesserung verjähr-
ter Mißbräuche anlegt, die Regierung langsam mit ihrem
Zeitalter fortschreitet, und sich nicht steif gegen dasselbe
sperret.

*) Ich halte es mit Schlossern, (man sehe dessen Briefe
über die Gesetzgebung) für ein übles Zeichen, von dem philo-
sophisch-politischen Sinn der Deutschen, daß Filangieri's
System der Gesetzgebung in Deutschland so vielen Beyfall erhalten hat. Wie sehr sieht nicht Filangieri hinter Montesquieu zurück! Wie unendlich viel seichtes und abge-
schöpftes von der Oberfläche, trägt er nicht in seinem, dem
Plane nach ungeheuren Werke mit dem größten Prunke vor.

Es

Montesquieus Aussprüche galten sonst als Orakel
in Frankreich, aber mit dem Ansehen der Englischen
Verfassung fiel auch sein Ansehen. De Lolme und
die Constitution, die er beschrieb, wurden in Frankreich
bewundert, so lange die Rousseau = Amerikanische =
Ekonomistische = Partey nicht das entscheidende Ueber=
gewicht erhielt. Auf Mounier, Lally, Bergasse,
ist der große Einfluß, der aus der Englischen Verfas=
sung hergeholten Jdeen, unverkennbar. Wie die Ma=
jorität des ersten Comitté de Constitution ihre Stel=
len niederlegte, und drey ihrer Glieder sich entfernten,
verschwand die Achtung, die man für die Englische Con=
stitution hegte. Mit Beyfall hört man jetzt in der Na=
tionalversammlung voll Zuversicht sagen, daß die Eng=
länder keiner Freyheit genießen. Unter den Schrift=
stellern, über die Verfassung der Amerikanischen Staa=
ten haben die Recherches sur les Etats unis de l'Amerique par un Citoyen de Virginie, welche nebst manchen
Critiken über die Englische Verfassung, Ausführungen
gewisser demokratischer Grundsätze und viele interessan=
te Nachrichten, den innern Zustand von Amerika betref=
fend, enthalten, und vornehmlich die Noten zu Livings=
tons Widerlegung des Adamschen Werkes, worin

D 4   die

Es ist mir nicht bekannt, welches Ansehen er bey seinen Or=
densbrüdern, den Ekonomisten, in Frankreich haben mag,
aber an Unkunde der Menschen, an Vernachläsigung der in=
dividuellen Staats = Verhältnisse giebt er seinen Französischen
Mitbrüdern nichts nach.

die Nachahmung der Engliſchen Conſtitution ben Ameri-
kanern empfohlen worden, ſehr großen Beyfall gefunden. *) Ob gleich in dieſen Noten ſelbſt gegen eine ſehr
ſchleu-

*) Die Ueberſetzung Livingſtons mit ben Noten, die den un-
gleich größeren Theil des Buches ausmachen, iſt unter dem
Titel: Examen du Gouvernement d'Angleterre comparé
aux Conſtitutions des Etats unis par un cultivateur de Neu
Ierſey, Livingſton, erſchienen. An den Noten ſoll Gal-
lois vielen Antheil haben. Den großen Einfluß des Werks
kennt man aus Lally. Sowohl Text als Noten ſind von
ſehr mittelmäßiger Güte. Beyde, Livingſton und die
Verfaſſer der Noten, ſtreiten gegen die Engliſche Verfaſſung,
aber mit ſehr ſchwachen Gründen. Livingſton ſagt p. 22:
„On peut conclure hardiment qu'un Roi d'Angleterre peut
ſe rendre abſolu quand il veut und doch iſt Livingſton
noch billig gegen England, indem er p. 35. ſelbſt zugiebt:
que la Conſtitution d'Angleterre laiſſe aux citoyens une
liberté civile plus etendue, que celle dont ils ont joui
dans aucune conſtitution ancienne ou moderne, excepté
celle de l'amerique", auch anti-demokratiſch denkt er. Er
ſagt pag. 40: „Le peuple a toujours eté et ſera toujours,
incapable de retenir dans ſes mains l'exercice du pouvoir;
il doit neceſſairement le deleguer ſous une forme quelcon-
que p. 44 äuſſert er ſich ganz entſcheidend gegen das Gouvernement repreſentatif d'une ſeule chambre. Die Verfaſſer der Noten ſagen zwar p. 114. auch: „que la liberté perſonelle eſt beaucoup mieux aſſuree en Angleterre
qu'ailleurs, aber ſonſt denken ſie ungleich ungünſtiger von
England als Livingſton ſelbſt. Sie greifen ſogar das un-
wirkſame Vorrecht des Königs von England, Krieg und
Frieden zu ſchließen, an. Qu'est ce que la perfection d'une
conſtitution par laquelle la volonté generale n'eſt pas con-
ſultée ſur les amis et les ennemis de l'état fragen ſie p. 122.

Wie

schleunige allgemeine Verbefferung des Gouvernements in Frankreich manchmal geeifert wird; So scheinen fie

D 5 doch

Wie aber, wenn die mittelbarer Weife würkende Stimme der Nation, feit mehr denn 60 Jahren, fich einen folchen Einfluß zu verfchaffen gewußt hat, daß alle Kriege, die in dem Zeitraume vorfielen, wahre National Kriege, das heißt, von dem ungleich größeren Theile der Nation nicht nur gebilligte, fondern gewünfchte Kriege waren? Die Kriege, die England feit Georgs des 2ten Regierung geführt hat, find die Kriege von 1739 gegen Spanien, und 1756 gegen Frankreich, die faft wider den Willen des Hofes erzwungen wurden, und der Krieg, den England zum Beften der Oefterreichifchen Succeffion unternahm, wo die größte Theilnahme an dem Schickfale Marien Therefiens in England herrfchte. Der Amerikanifche Krieg und die daraus folgenden mit Frankreich, Spanien und Holland, waren im Anfange fehr populair. Am Ende wünfchte zwar die Nation herzlich des Amerikanifchen Krieges los zu feyn. Hätte fie einen directen Einfluß auf die Sache gehabt, fo würde fie ihn vermuthlich um ein paar Jahre früher beendiget haben. So etwas ift bey dem Repräfentations Syfteme unvermeidlich, aber hier tritt wieder die Frage ein, deren Beantwortung im politifchen immer den Ausfchlag geben muß; würden die Nachtheile nicht ungleich größer feyn, wenn der hin und her fich bewegende Wille des Volks eine augenblickliche Einwirkung auf die wichtigften National Angelegenheiten hätte? Ein großes Europäifches Reich kann nicht allen Verbindungen, allen Alliauzen mit auswärtigen Mächten entfagen. Es giebt Fälle, wo es fehr nachtheilig feyn würde, den ganzen Inhalt der gefchloffenen Tractaten bekannt zu machen. Die nothwendigen Connexionen mit fremden Nationen dürften fehr darunter leiden, wenn dem Parlamente in England ein größerer Gefetzmäßiger Einfluß auf die Schließung von Bündniffen zugeftanden

den

doch im ganzen sehr gewürkt, und besonders die Abnei=
gung gegen die Englische Verfaſſung und was dieſer ähn=
lich werden konnte, ungemein verbreitet zu haben.

Den

den würde, die Englische Verfaſſung, in dieſem Punkte, auf
eine abſtrakte Weiſe vervollkommet werden ſollte. Die deut=
ſchen Erb=Staaten des Königs von England ſind den Noten=
Machern zum Livingſton auch eine für das Wohl Eng=
lands äuſſerſt bedenkliche Sache. Ihrer Meynung nach wird
der König das Intereſſe ſeiner deutſchen Erb=Staaten immer
dem Intereſſe der Königreiche vorziehen, weil er dort unum=
ſchränkter iſt wie hier. Es iſt genugſam bekannt, wie manche
Schritte der beyden erſten Könige aus dem Hauſe Braun=
ſchweig zu ihrer Zeit in Anti=Miniſteriá Blättern aus=
gelegt wurden, aber unter der 30 jährigen Regierung Georgs
des 3ten iſt es noch keiner Oppoſition beygefallen, Vorwürfe
dieſer Art zu gebrauchen. Die ganze Regierung des jetzigen
Königs hat auch gezeigt, daß König und Churfürſt ſehr gut
eine doppelte Perſon ſpielen können, wenn es das Intereſſe
der verſchiedenen Staaten erfordert. Die Engländer haben
gewiß keine Urſache, über den Zuſammenhang mit Hannover
zu klagen, deſſen Truppen ihnen in Gibraltar und Minorka
ſehr willkommen waren. Das iſt auch, wie geſagt, ſeit ge=
raumer Zeit nicht mehr von ihnen geſchehen. In der Natur
der Sachen liegt es imgleichen keinesweges, daß in Zukunft
Uebel für England daraus zu befürchten ſtänden. Zum Be=
weiſe der nachtheiligen Wirkungen dieſes Zuſammenhanges
für England, wird der Fürſtenbund angeführt, von dem man
gar nicht abſieht, was der in dieſer Sache beweiſen ſoll;
denn daß dadurch dem Intereſſe Englands geſchadet worden,
hat noch ſelbſt kein Oeſterreichiſcher Schriftſteller behauptet.
Ferner giebt es einen Punkt der Anklage gegen die Engliſche
Conſtitution ab, daß in keinem Geſetze die jährige Sitzung
des Parlamentes beſtimmt iſt, da doch ſo viele der wichtig=

ſten

Den größten Einfluß von allen Philosophen hat Rousseau, durch seinen Contract social, auf die Nation und die Mehrheit der National-Versammlung erhalten. Die vielen einzelnen vortrefflichen Gedanken im Contrat social, mußten durch die Wahrheit der Ideen, durch die Art, wie sie gesagt sind, ein-

brin-

sten Bewilligungen nur von Jahr zu Jahr zu gehen, und hiedurch allein die Zusammen-Berufung jährlich nothwendig wird, auch alle lang dauernde Gewohnheiten von solcher Wichtigkeit, gleichsam als Theile der Constitution gelten. Die Abhängigkeit der Armee vom Parlamente scheint endlich diesen Verfassern nicht fest genug durch die jährigen Bewilligungen des Unterhalts, gegründet. Durch fremde Subsidien könne ein König solcher Bewilligungen entübriget werden, als wenn nicht auf die erste Anzeige von dieser Nachricht alles in England in Flammen gerathen müßte, so lange der jetzige Sinn bey den Engländern herrschen wird; und ohne diesen Sinn, den Geist der Konstitution aufrecht zu erhalten, sind alle noch so bündig bestimmte Verfassungen doch nicht viel mehr, wie Spiel-Werke. Nach diesen ängstlichen Aeußerungen für die Freiheit Englands, bleibt es etwas unerwartetes, daß die Verfasser ihre Unzufriedenheit über das Recht des Königs, das Parlament nach Gutdünken zu dissolviren, an den Tag legen, das doch nur als eine Appellation an die Nation würken soll. Gegen Delolme wird vorzüglich in den Noten geeifert, aber mit so schwachen Gründen, daß, wenn sich über Delolmes Grundsätze nichts erheblicheres vorbringen läßt, diese durch das hier gesagte nur an Bestätigung gewinnen. Allenthalben erblickt man nur die Begierde, ein berühmtes Buch herunter zu setzen. Doch genug von Livingston und seinen Commentatoren, die gar keiner Anführung bedürften, wenn sie nicht in Frankreich so viel Eingang gefunden hätten.

bringen; aber man vergaß zu oft, was Rouſſeau
ſelbſt in dieſem Werke häufig vergißt, daß die meiſten
der darin geäußerten Grundſätze nur auf einen kleinen
Freyſtaat paßten, daß Rouſſeau noch dazu nicht ſelten an einen beſondern Staat, ſeine Vaterſtadt Genf,
bey ſeinen allgemeinen Regeln dachte. Die Neigung
zum generaliſiren hat wohl kein Volk ſo weit, faſt bis
zur Wuth getrieben, als das Franzöſiſche. Da noch
Opern und Schauſpiele ſeine größte Sorge ausmachten,
hörte man in den Zwiſchen-Acten von allen Seiten über
Natur und Weſen des Schauſpiels, deſſen Entſtehung
und Behandlungs-Art unter Griechen und Römern,
ſchwatzen. Keine einzelne treffende Bemerkungen, ſondern oberflächliche theoretiſche Räſonnements. Das Ob-
ject hat ſich zwar verändert, aber dieſe Neigung hat
ſich nie ſtärker gezeigt als jetzt. Was Rouſſeau noch
mit Beſtimmungen ſagte, hat man, ohne dieſe nothwendige Beſtimmungen, angenommen. Den Unterſchied,
den er zwiſchen la volonté generale et la volonté de
tous angiebt, hat man überſehen, und nun bis zum
Ekel wiederholt: que la volonté generale ne peut
errer. Rouſſeau verwarf das Repräſentations-Syn-
ſtem auf das eifrigſte, allein hierin ſiegten in Frankreich
die Amerikaniſchen Ideen. In einem Haupt-Punkte,
der freylich in Frankreich ganz unanwendbar war, wurde von Rouſſeau abgegangen und doch ſollte ſo vieles beybehalten werden, auch in Frankreich noch wahr

ſeyn,

feyn, was mit diesem Haupt-Punkte in einer unzertrennlichen Verbindung stand.

Raynal, Mably und ein Heer von Autoren unter denen sehr wenige Köpfe, die selbst beobachteten, aber eine große Anzahl von Krämern mit allgemeinen Grundsätzen und politische Quacksalber sich befanden, haben, außer den benannten ansehnlich auf die Denkungsart der Nation und ihrer Gesetzgeber gewürkt. Vor allen Sekten ist der Einfluß der Ekonomisten in der National-Versammlung unverkennbar und von der stärksten Bedeutung gewesen. In Deutschland kennt man das physiokratische Syßtem oder die Ekonomisten nur von der Seite ihres Lehrsatzes, der einzigen Abgabe, die sie von dem reinen Ertrage liegender Gründe bestimmen, eine Abgabe, die in Deutschland oft mit der in vielen Staaten eingeführten Contribution verwechselt wird, und der damit zusammenhängenden gänzlichen Freyheit des Handels: aber ihre abstrakten Ideen über Gesetzgebung, ihre Behauptung, daß alle Gesetzgebung auf Entwickelung der natürlichen Rechte der Menschen zurück zu führen sey, nur dieses enthalten müsse, die Beherrschung der Welt durch evidente Grundsätze geschehen könne, und allein geschehen dürfe, diese Ideen, die sich bey der Gesetzgebung in Frankreich so würksam bewiesen haben, sind in Deutschland als Unterscheidungs-Zeichen der benannten Partey wenig bekannt. Mercier

cier de la Riviere ist derjenige, der sie zuerst im
Zusammenhange aufgestellt hat *). Die Ekonomisten,
die Anfangs unter dem Vorsitze Quesnoys, des
Docteur par excellence, hernach des Marquis von Mirabeau, halb als eine gelehrte Societät, halb als ein geheimer Orden, zu-
zusammen hielten, bekamen durch Turgots Administration, und vorzüglich durch seine Anhänglichkeit an
die Grundsätze der Gesellschaft, vieles Ansehen. Die
unerhörten Bedrückungen des Ackerbaues und der zahlreichsten Klassen der Menschheit, das willführliche un-
rechtmäßige Verfahren der meisten Minister mußten der
Sekte natürlicher Weise viele rechtschaffene Männer zu
Anhängern verschaffen.

Die Anführung der vorzüglichsten Schriftsteller,
die die Nation und ihre Gesetzgeber stimmten, schien zur
bessern Uebersicht der Haupt-Verrichtungen der National Versammlung unentbehrlich. Unglücklich genug war
es, daß viele dieser Schriftsteller nur über die Menschen
als vernünftige Wesen raisonniret hatten, ohne Rücksicht auf ihre Leidenschaften und Gewohnheiten, die
doch die Handlungen der Menschen bestimmen, und daher das Haupt Augenmerk des Gesetzgebers seyn müssen,
zu nehmen. Freilich läßt sich nach und nach durch
Ver-

*) L'ordre naturel et essentiel des societés politiques 1767.
4to.

Verfaſſung und Geſetze auf den Charakter wirken, aber
wenn bey der Verfertigung jener beyden Stücke zu wenig darauf geſehen wird, ob ſie nicht mit dieſen in einem zu ſtarken Widerſpruche ſtehen, der große nothwendige Einfluß, den Leidenſchaften und Gewohnheiten in
allen menſchlichen Verfaſſungen haben werden, nicht gehörig bey den neuen Einrichtungen in Anſchlag gebracht
iſt, ſo läßt ſich auf deren Beſtändigkeit und Nutzen
nicht viel rechnen.

Die Haupt-Idee, von der faſt alle Männer von
Kopf in der National-Verſammlung ausgiengen, die die
Quelle ſo vieles Uebels geworden iſt, war die, eine
neue Verfaſſung für Frankreich von Grund aus aufzu-
bauen. Selbſt Mounier hat in ſeinen Nouvelles
obſervations ſur les Etats generaux, dieſen Gedanken grade zu geäußert. Immerhin mochte es wahr
ſeyn, daß von den alten Einrichtungen wenig oder nichts
beyzubehalten ſtand, aber ungleich weiſer wäre es geweſen, mit der Idee nicht hervor zu gehen, den großen
Plan umzuſtürzen, in einen eben ſo großen Verbeſſe-
rungs-Plan zu verwandeln. Welche chimäriſche Pro-
jecte mußten nicht unter 1200 Menſchen, und noch dazu Franzoſen, aufkeimen, die ſich zu dieſem großen
Zwecke der Errichtung einer ganz neuen Conſtitution in
allen Theilen berufen glaubten? Es ſchien ſchon feſt beſchloſſen, das Alte völlig zu vertilgen, ehe man ahnden
konn-

konnte, was deſſen Stelle vertreten würde. Einzelne große Mißbräuche waren leicht mit einem Feder-Striche wegzuſchaffen, dabey brauchte es keines Erſatzes.

Die perſönliche Freyheit des Menſchen war in Frankreich ſo wenig geachtet, den muthwilligſten Behand- lungen durch die Lettres de cachet ſo ſehr ausgeſetzt geweſen, daß die Sicherſtellung dieſer eines der am eif- rigſten vom Volke gewünſchten Geſchäffte der National- Verſammlung ſeyn mußte. Anſtatt ſich damit zu be- gnügen, hierüber etwas zu beſtimmen, verfiel man dar- auf, der ganzen Staats-Verfaſſung eine Theorie vom Rechte der Menſchheit unterzulegen. Dieſes Pro- ject ward Lieblings-Project. Mehrere Glieder der National-Verſammlung beſchäfftigten ſich mit deſſen Entwerfung, und ſo ward endlich die Declaration des Droits de l'homme en societé zu- ſammen geſetzt, die freilich nicht ſo von abſtrakten halbwahren Principien wimmelt, wie das zuerſt von Sieyés vorgelegte Projekt, aber doch noch zu viele enthält, deren leicht vorauszuſehender Mißverſtand die Urſache von großen Zerrüttungen werden mußte und wurde. Der Anfang des 1ten Artikels dieſer Deklara- tion heißt: Les hommes naiſſent et *demeurent* libres et egaux en droits. Wahrſcheinlich ſoll dieſes nach dem Natur-Rechte zu verſtehen ſeyn, aber einen Satz dieſer Art von der Geſetzgebenden Macht auf das feyer-

lichſte

lichste dekretirt und recht absichtlich als ein Catechismus-
Satz unter das Volk gebracht, wie es die Einleitung
der Deklaration verlangt, wie mußte nicht dieser vom
Volke mißverstanden werden? Was weiß der Pöbel in
allen Staaten vom Rechte der Natur? Was ist ihm mit
diesem Rechte gedient, da er in Gesellschaft lebt und nur
seinen Zustand in der Societät verbessert sehen will?
Konnte dem Volke beyfallen, daß diese Wahrheit, wenn
es eine Wahrheit ist, in jeder Staats-Verbindung auf-
höre, Wahrheit zu seyn? Mußte es nicht vielmehr auf
den Gedanken kommen, die völlige Gleichheit der Menschen sey nun anerkannt und eingeführt, und Eigenthum
und Erbrecht, die mit dieser Gleichheit nicht bestehen
können, sollten aufhören? Ungeduldig, daß die Eigen-
thümer es nicht so verstehen wollten, rotteten sich in
mehreren Provinzen die ärmeren Klassen zusammen,
verübten die ungeheuersten Excesse, um eine, ihrer Meynung nach, von der höchsten Macht anerkannte Wahrheit durchzusetzen. Daß nur durch den Mißverstand
der declaration des droits manche Zerstörungen erfolgte, sieht man aus einem Briefe im Journal de Paris, der nicht von aristokratischer Seite herrührt, wo
dieses ausdrücklich als Ursache angegeben, und das Volk
über den wahren Sinn des Dekrets zu rechte gewiesen
wird. Eine andere Probe einer ähnlichen Auslegung
zeigte sich an dem schändlichen Tage, den 5ten October
wo der Hefen des Pariser Pöbels in der National-Ver-

E   samm-

sammlung erschien, und seine Meynung vom Menschen, Rechte und Gleichheit gegen die Mitglieder dieser, durch das bekannte: quoique Vous en dites nous sommes tous freres, äußerte.

Als die Deklaration decretirt ward, herrschten schon die größten Zügellosigkeiten und Verachtung der bisherigen gesetzmäßigen Gewalt unter dem Volke. Es hätte deswegen alles geschehen müssen, um die Licenz zu vermindern, nicht ihr neue Waffen zu leihen. Mounier wollte die Declaration des droits auch nicht eher, als bis zur Vollendung der Constitution, gleichsam wie eine Vorrede derselben, bekannt gemacht haben. Lally hat oft gegen die abstrakten Ideen im allgemeinen gesprochen, und sich der Einmischung dieser in die Deklaration widersetzt. Malouet zeigte die Nachtheile, ein metaphysisches Räsonnement als ein Gesetz emaniren zu lassen. Wahrlich die magna charta der Engländer, die nicht von Philosophen, sondern unerleuchteten barbarischen Kriegern verfaßt wurde, hat ungleich mehr Bestimmtheit und führt weit mehr die Sprache eines Gesetzes wie diese Magna Charta Frankreichs. In der Englischen Bill of rights, die zu einer Zeit erschien, wo man sich leider! in den Debatten bis zum Ueberdruße Scholastischer Spitzfindigkeiten bediente, sind alle ersten Grundsätze des Natur-Rechts und allgemeinen Staats-Rechts weislich vermieden. Die Amerikanischen

rifanifchen Bill of rights nähern ſich auch der Engli=
ſchen und der alten magna Charta und führen eine ganz
andere Sprache, als die Declaration des droi.s de
l'homme der Franzoſen. *)

Die 19. Artikel der Conſtitution, die auf einmal
dem Könige zur Annahme vorgeleget wurden, ſind kurz,
bündig und klar gefaßt. Gleich im 1ten Artikel wird
erklärt, daß alle Gewalt im Staate ihrer Natur nach
von der Nation herrühre. So wahr dieſer Satz an
ſich iſt, ſo gut es vielleicht auch ſeyn mochte, der Großen
wegen, die da glaubten, das Volk exiſtire nur, um von

E 2   ihnen

*) Burke ſagt in ſeiner angeführten Rede von dieſer De=
    klaration: „They made and recorded a ſort of inſtitute
    „and digeſt of Anarchy, called the rights of Man, in
    „ſuch a pedantic abuſe of elementary principles as would
    „have disgraced boys at ſchool; but this declaration of
    „rights was worſe than trifling and pedantic in them; as
    „by their name and authority they ſyſtematically deſtroyed
    „every hold of authority by opinion, religious or civil,
    „on the minds of the people. By this mad declaration
    „they ſubverted the ſtate.“ Wie übrigens Burke von der
    alten Beherrſchungs=Art Frankreichs urtheilt, iſt aus folgen=
    der ſchönen redneriſchen Stelle zu erſehen: „Though the des_
    „potism of Lewis the 14tn was proudly arrayed in man_
    „ners, gallantry, ſplendor, magnificence, and even coverd
    „over with the impoſing robes of ſcience, literature, and
    „arts, it was, in government, nothing better than a pain=
    „ted and gilded tyranny; in religion, an hard ſtern in=
    „toleranſe the fit companion and auxiliary to the deſpotic
    „tyranny which prevail'd in its government.“

ihnen regiert zu werden, dieses ausdrücklich zu sagen,
eben so nothwendig blieb es, um allen Mißdeutungen
vorzubeugen, hinzuzusetzen, daß die Nation im Ganzen
nie die Gewalt selbst verwalten könne noch dürfe; aber
so freygebig man auch sonst mit Principien hervorkam,
so ängstlich wurden doch solche Erklärungen zurück gehalten, durch die die Nation, oder einige unruhige ehrgeitzige Köpfe in solcher, in ihren Anmaßungen hätten
eingeschränkt werden können.   Der Grundsatz: que
tous les pouvoirs appartiennent a la nation ward einer
der beliebtesten Grundsätze, den man bis zum Ueber-
drusse bey jeder Gelegenheit wiederholet und gesagt findet.   Je mehr die Häupter der sogenannten Demokratischen Partey in der National-Versammlung das Uebergewicht erhielten, jemehr verstand man in derselben unter der Macht der Nation nur die Macht ihrer Deputirten.   Die division des trois pouvoirs, legislatif, executif et judiciaire, die man aus Montesquieu her-
geholt hatte, und auf die man immer zurückkam, wenn
von Einschränkung der königlichen Macht die Rede war,
mußte dem Grundsatze von der Allgewalt der Nation,
das hieß der Bevollmächtigten derselben, wie unter
andern aus den Debatten über das Recht, Krieg und
Frieden zu erklären, erhellt, Platz machen.   Ein zu
weit gedehntes Princip vertrieb das andere.   Montesquieu hatte zu dieser Eintheilung und Absonderung
der gesetzgebenden und vollziehenden Gewalt, die weise
Ein-

Einschränkung hinzugefügt, daß die letztere zu der ersten, durch das Recht, die Beschlüsse derselben zu verwerfen, durchaus mitwürken müsse, wenn sie nicht von selbiger verschlungen werden sollte. Die Erfahrung hat allenthalben bisher Montesquieu's Grundsatz, den er aus der Verfassung Englands zog, gerechtfertiget, aber in Frankreich ward festgesetzt, daß der König die Constitution nicht mit errichten, daß ihm die Artikel derselben nur zur Annahme, nicht zur Sanktion, vorgelegt werden sollten. Man beschloß ferner, dem Könige nur eine suspendirende Stimme, über alle ihm von der Nationalversammlung vorgelegte Gesetze, während zwey National Versammlungen zu erlauben. Es ist bekannt, wie Mounier und Lally gegen das veto suspensif stritten, wie sie beyde behaupteten, der König müsse einen uneingeschränkten Antheil an der Gesetzgebenden Gewalt, durch das Recht, seine Beystimmung zu ihren Beschlüssen gänzlich versagen zu können, erhalten. Sehr zu entschuldigen mochte es seyn, daß das Volk, welches den Druck der königlichen Gewalt so lange aufs stärkste gefühlt hatte, diese auf das strengste einzuschränken suchte, nur den Mißbrauch der Gewalt fürchtete. Allein von den Gesetzgebern eines großen Reichs durfte man billig erwarten, daß sie nicht alle Vorurtheile des Volks theilen, nicht den Staat aus einem Abgrunde heraus ziehen würden, um ihn der Gefahr auszusetzen, mit der Zeit in einen andern zu versenken. Inzwischen in diesem Stücke, wie in manchen

E 2   an

andern, war die Mehrheit der National-Versammlung
nicht über die in der Nation herrschende Begriffe erhaben. Ihre Blicke schienen nur auf die Vergangenheit
gerichtet, nicht auf die Zukunft gekehrt. Nur den Willen eines Einzigen fürchtete man, und ahndete nicht die
Uebel einer Ochlokratie. So wie die Sache entschieden
ward, hat der König nicht Macht genug, sich den Ein-
griffen der National-Versammlung zu widersetzen. Er
hängt gänzlich von der Großmuth dieser Versammlung
ab, die ihm, der so gut Repräsentant des Volks, wenn
gleich erblicher Repräsentant ist, wie die Mitglieder dieser
es sind, alle Vorrechte nehmen und ihn zu den ärmlich-
sten Schatten-König erniedrigen kann. Wie viele indi-
rekte aber äusserst wirksame Mittel, wird nicht immer
jede National-Versammlung in Händen haben, um sich
der Beystimmung des Königs versichern zu können.
Ihm hätte man diese einzige Rettung gegen offenbare
Eingriffe der ihm zum Besten des Landes anvertraueten
Gewalt lassen sollen. Wie entblößt von Schutzwehr
steht er nun, da so leicht arglistige Demagogen das
Volk durch drey Legislaturen hindurch, irre zu führen
vermögen. Der erste aller Demagogen neuerer Zeiten,
Mirabeau, hatte selbst offenherzig bekannt, *) daß
er lieber in Constantinopel, wie in Frankreich
leben möchte, wenn hier Gesetze, ohne die Einwilligung

---

*) Lally pieces Iustificatives p. 136.

gung des Königs gemacht würden. Der Mann hat eine zu große Rolle in der Geschichte der französischen Revolution gespielt, als daß seiner hier nicht erwähnt werden müßte. In jeder zahlreichen Versammlung wird dieser Mann, durch seine außerordentliche, ihm in allen Augenblicken zu Gebote stehenden Talente, glänzen, am meisten unter einem lebhaften, leicht zu bewegenden Volke. Auf den Rang eines Beobachters und Menschen-Kenners der ersten Größe kann er Anspruch machen, wenn er gleich manchmal sehr schief und nur obenhin sah, aber der Mann, der eine Verfassung nach den vorliegenden Umständen und Menschen gründen könnte, ist er nicht, so herrliche Gedanken darüber auch wie Blitze aus seiner Seele zuweilen hervorschießen. Vorliebe für Theorien, die keine Erfahrung bewährte, ganz ohne Zusammenhang in den Grundsätzen, die er äuffert, worin er noch überdem sich selbst mit der größten Unverschämtheit widerspricht, sind Haupt-Züge seines Verstandes. Wenn man auch von Mirabeau's Charakter nichts nachtheiliges gehört hätte, nie würde man ihn als einen Pfeiler eines zu gründenden oder bereits gegründeten Staats beobachten. Zerstörung und Unruhen sind sein Element. Ich maaße mir nicht an zu entscheiden was seine Plane waren, ob er würklich welche hatte, oder nur den natürlichen Eingebungen seines Zerrüttung und gewaltsame Bewegungen liebenden Temperaments folgte. Ich glaube nicht so viel zu wissen,

wie

wie jeder elende Broschüren-Schreiber weiß, der gewöhnlich sogar von allem unterrichtet ist, was im Königlichen Cabinette vorfiel, aber zu verdenken stehet es keinem, zu glauben: er habe seine Handlungen nur in der
Absicht unternommen, die geheimen Plane des Herzogs
von Orleans zu begünstigen und sich ins Ministerium
einzudrängen. Mit oder ohne Plane bleibt er eine
Haupt-Quelle unendlichen Uebels. Er war es vornehmlich, der sich widersetzte, als man den gewaltthäti-
gen Einmischungen des Volks Einhalt thun wollte, da
es noch Zeit war, der diese auf alle Weise zu begünstigen
suchte, und am 6ten Oktober so gefühllos blieb, daß
er es unter der Würde der Gesetzgebenden Macht hielt,
sich in den Umständen zum Könige zu verfügen. Vergebens sagt man, er habe selbst durch seine Uebertrei-
bungen viel Gutes bewürkt, dadurch die Absichten der
Anhänger des Despotismus vereitelt. Gewißlich! es
bedärfte keines solchen Tribuns, um die Feuer-Köpfe
in der National-Versammlung in Bewegung zu setzen,
und die Gemüther des Volks, durch völlig grundlose
Beschuldigungen gegen Minister und Aristokraten noch
mehr zu erhitzen.

Die Idee von der Trennung der Gesetzgebenden
und vollziehenden Gewalt hat sich nicht allein durch das
veto suspensif schädlich bewiesen, sondern vornemlich
dadurch, daß man den Ministern des Königs keinen
Sitz

Sitz und Stimme in der National-Versammlung zuge-
stand. Es ist schon oben gezeigt worden, wie nachtheilig es war, daß Necker sich nicht gleich Anfangs in
die Versammlung der Stände wählen ließ. Dazumal
mochte man es vielleicht unter der Würde eines Ministers
halten, Deputirter der Stände zu seyn. Man dachte
wohl an die letzten Etats generaux und das Ansehen
der Minister bey denselben, aber nach der Revolution
hielt es die National-Versammlung unter ihrer Würde,
die Minister als Mitglieder zwischen sich zu dulden. Die
Furcht vor einem ähnlichen Einflusse, als derjenige, den
die Minister im Englischen Parlamente besitzen, war der
Haupt-Grund der unbeschreiblichen Abneigung der National-Versammlung, die daher, um einem Uebel zu
entgehen, sich in ein ungleich größeres stürzte. Es ist gar
nicht zu leugnen, daß der Minister in England durch seine
und grobe Corruptions-Mittel, gewöhnlich mehr durch
die ersterer Art, häufig eine Anzahl Stimmen im Parlamente für sich gewinnet, oder zu erhalten weiß; aber falsch
ist es, was so oft gesagt wird, daß die Minister dort
nur durch dieses Mittel regieren. Die Stimme des
Volks, die sich nicht auf lange Zeit kaufen läßt, ist so
mächtig, daß sie bis jetzt immer am Ende durchgedrun-
gen hat, und die Minister, die diese nicht für sich hatten, abgehen mußten; freilich nicht gleich, wenn diese
Stimme laut wurde, aber doch wenn sie Ueberhand
nahm. In der Zwischen-Zeit mochte vielleicht manches

E 5   Uebel

Uebel geschehen, allein ungleich nachtheiliger würde es
seyn, wenn das erste selbst allgemeine Geschrey der Nation die Minister über den Haufen werfen könnte. Ganze Nationen sind fast eben so leicht irre zu führen, wie
einzelne Menschen. Auf die volonté generale ist im ersten Augenblicke wenig zu trauen, sie muß besfalls nicht
gleich handeln können, sonst hat alle Festigkeit, aller
Zusammenhang des Gouvernements, der durchaus wesentlich ist, ein Ende. Schon aus dieser Ursache scheint
der von Bergasse angegebene Plan, daß, um aller
Corruption vorzubeugen, die Deputirten in der National-Versammlung von der Mehrheit ihrer Committenten nach Gutdünken gleich zurück berufen werden könnten, ganz verwerflich, wenn es schon in verbündeten
Staaten mit den Abgeordneten zu der Unions-Versamm-
lung, ohne völlig ähnliche Nachtheile, so gehalten werden kann, und doch handelten auch in dieser Rücksicht
die Amerikaner sehr weislich, indem sie, um dem Congresse Festigkeit und Plan in seinen Beschlüssen zu geben,
diese Revocabilität der Deputirten zu demselben nicht aus-
nahmen. In der Provinz Holland werden zwar die
Deputirte der Städte zu der Provinzial-Versammlung,
von einer jeden Stadt nach ihrem Gefallen zurück berufen, eben so ist es in den Staaten von Flandern beym
dritten Stande; allein, daß jede Stadt in Holland
gleichsam einen Staat im Staate, eine kleine Republik
für sich ausmacht, hat diesem Lande, in allen Vorkeh-

rungen

rungen gegen einheimische und auswärtige Feinde, sehr
geschadet, ihren Beschlüssen so oft alle Kraft und. Einheit genommen.

Wenn aber gleich die allgemeine Stimme sich oft
irret, so irret sie selten lange, in Staaten, wo eine
freye Mittheilung der Gedanken durch die Preße verstattet wird. Die Würkung dieser anhaltenden Stimme auf
das Ministerium hat sich in England oft und deutlich
gezeigt. So viele Maasregeln sind zurück genommen,
so manche Minister haben derselben weichen müssen.
Nur darf man das nicht gleich für allgemeine Volks-
Stimme halten, was von einigen Zeitungs-Schreibern
dafür ausgegeben wird. Um allen Gefahren des Mini-
sterial-Einflusses zu entgehen ist man in Frankreich in
das entgegen gesetzte Extrem verfallen, hat den Ministern keinen Sitz und Stimme in der National-Versammlung gestattet, noch den Deputirten erlaubt, irgend eine Bedienung vom Könige, selbst mit Aufopferung ihrer Deputirten-Stelle, anzunehmen *). Durch dieses
Mittel ist alle nothwendige Einheit und aller Zusammenhang zwischen der Gesetzgebenden Macht und den erstern
Dies

*) Bey Gelegenheit der dem Herzoge von Biron aufgetrage-
nen Commendanten-Stelle, hat man für gut gefunden, die
Ausnahme dahin zu machen, daß eine Commendanten-Stelle
keine Bedienung sey.

Dienern der ausführenden vernichtet; diese beyden sind
dadurch in beständiger Opposition mit einander gesetzt.
Ist es nicht oft unmöglich, eine Idee von Wichtigkeit
gut auszuführen, wenn sie unserer ganzen Denkungsart
widerspricht? Sind nicht die Minister, vermöge des
Ausschlusses aus der National-Versammlung, in die
Klasse ohnmächtiger Subalternen herabgesetzt? Alle Ehre,
alle Würksamkeit von Bedeutung bleibt ihnen genommen. Werden sich in Zukunft noch Männer von einer
hochherzigen Denkungsart zu diesen Stellen finden?
Wird nicht jeder Ehrgeitzige vielmehr den Eintritt in das
Haus der Volks-Repräsentanten als in das Cabinet des
Königs suchen, wenn er nicht der leidigen Ministerial-
Emolumente wegen das letztere vorzieht, und ist dieses
nicht der schlechteste Bewegungs-Grund, um nach Stellen
der Art zu streben? Die Minister sind von dem Ansehen,
des sie in jeder Nation genießen müssen, herabgewürdi-
get, und immerhin hätte man sie herabwürdigen mögen,
wenn es möglich wäre mit Menschen, die fähig sind,
eine solche Heruntersetzung geduldig zu ertragen, große
Sachen auszuführen. Aber die National-Versammlung mag noch so sehr die Minister klein zu machen suchen, ihnen über noch so vieles Vorschriften ertheilen,
es bleibt in der Natur der Sache gegründet, daß diejenigen, denen in den wichtigsten Angelegenheiten die Ausführung der Dinge übertragen wird, einen sehr großen
Einfluß behalten müssen, ein Einfluß, der um desto

ver-

verderblicher wird, jemehr man sich bemühet, ihm die
öffentliche Achtung zu entziehen, und dadurch zu andern
schädlichen Auswegen nöthigt. Es muß häufig der Fall
vorkommen, daß die National-Versammlung das Ganze
mancher Einrichtungen, viele Geschäffte, nicht so zu
übersehen vermag, wie der Minister, der den Faden
durch anhaltende und genauere Bekanntschaft besser zu
verfolgen im Stande war. Diesem Uebel hat man dadurch abzuhelfen gesucht, daß die Minister in der National-Versammlung zu Zeiten erscheinen und Vorträge
in derselben halten, aber wie unzulänglich ist nicht dieses Mittel. Wie oft kommen nicht Sachen vor, wo
ein Wort der Minister, die allein officielle Nachrichten
von dem ganzen würklichen Zustande des Königreichs
erhalten, manches von einer ganz andern Seite zeigen
würde. Man nehme nur allein die Angelegenheiten der
Colonien. Wie viele einseitige Nachrichten erhalten
nicht einzelne Menschen daher. Officielle Nachrichten
sind zwar allemal nichts weniger, wie ausgemachte
Wahrheiten, aber einer, der da weiß, daß er für das
stehen muß, was er schreibt, ist doch ungleich vorsichti-
ger, wie jede Privat-Person in demjenigen, was sie
mittheilt. Um diese officielle Berichte bekümmert man
sich häufig nicht, wenn in jedem Augenblicke nicht einer
da ist, der ihrer Resultate erwähnt. Was die Minister durch Briefe an die Versammlung gelangen lassen,
kömmt öft zu spät. Wenn nun gar die Minister einen

Plan

Plan vorzulegen haben, wie nachtheilig ist denn nicht ihre Entfernung. Mit Händeklatschen werden sie empfangen und zurückbegleitet, wenn sie erscheinen; aber kaum sind sie fort, so werden tausend Einwendungen gegen ihre Vorträge gemacht, die sie nicht beantworten können, weil sie nicht anwesend sind. Hat nicht Mirabeau das erste von Necker vorgeschlagene Anleihen von 30 Millionen, durch die Herunterfetzung der Zinsen, und noch mehr durch die daraus fließende Entdeckung, wie wenig Credit der Minister in der Versammlung habe, vernichtet? Wäre Necker in der Assemblee bey der Debatte gewesen, sein Vorschlag hätte wahrscheinlich keine Veränderung erlitten. Wie gespannt und geschoben ist nicht überhaupt das ganze Verhältniß der Minister zu den Repräsentanten des Volks? Wenn in England dem Minister noch so sehr die bittersten Vorwürfe im Hause gemacht werden, so sind dieses Beschuldigungen, die man ihm ins Gesicht sagt, die ein Deputirter der Nation dem Minister, der auch Deputirter ist, vorwirft. Ankläger und Vertheidiger haben hier gleiche Rechte. Dagegen halte man den ärgerlichen Streit des Committé des pensions mit Neckern, den das rothe Buch veranlaßte, wo beyde Theile eine unpassende Sprache führten, die gewissermaßen durch das mißrathene Verhältniß des Ministers zu den Deputirten erzeugt wurde. Der elendeste Deputirte in der National-Versammlung wird, bey dem vernichteten Einfluß

der

der Krone eine Ehre darinn setzen, den Minister zu des
müthigen, hiedurch Proben seines Patriotismus zu ges
ben suchen.   Der Beyfall vieler wird ihm nie fehlen.
Die Minister dürfen nicht in dem Tone des Angriffes
antworten.   Der Deputirte ist eine heilige Person, und
sie sind nichts als elende Diener der executiven Macht.
Man hat es so oft in der Versammlung gesagt, daß
die Minister die verächtlichste Klasse von Menschen aus=
machten; aber das wird erst recht der Fall seyn, wenn
diejenigen, die Muth genug haben, das Staats=Schiff
nicht in der gegenwärtigen Lage zu verlassen, nicht mehr
an ihren Stellen seyn werden.   Man controlire die Mi=
nister, man beobachte genau jeden ihrer Schritte, aber
man setze sie den Deputirten der Nation gleich, daß sie
ihre Abhängigkeit von diesen nicht auf eine zu erniedri=
gende Art fühlen.   Die Ausschließung der Minister aus
der National=Versammlung ist das verderblichste Uebel,
was je Theorien, was je das Princip von der Suborbi=
nation der executiven Macht unter die legislative, erzeu=
gen konnte, aber so allmächtig wirken die einmal als
wahr gestempelte Ideen, daß selbst so einsichtsvolle,
redliche, Bewunderungswürdige Männer, wie Mou=
nier und Lally, die Folgen davon gar nicht eingese=
hen zu haben scheinen, daß diese nirgends die Nothwen=
digkeit, den Ministern entweder Sitz und Stimme in
der Versammlung zu ertheilen, oder sie als Deputirte
darin wählen zu lassen, gezeigt haben.

                                        Die

Die Entfernung aller Bediente der executiven
Macht aus der National-Versammlung ist nicht minder
nachtheilig. Auch dieses geschah, um sie von allem Einflusse der Krone rein zu erhalten. Die Absicht war
löblich, allein wenn das Gouvernement nur keine Wissenschaft wäre, wenn nicht genaue Kenntniß der Geschäffte häufig dazu gehörte, die man oft nur durch Be-
dienungen erlangen kann, wenn gute Absichten, selbst
mit gradem gesunden Verstande verbunden, allemal aus-
hülfen und die speciellen Einsichten, die die Affairen geben, ganz überflüßig werden könnten.

Die Englischen Landjunker sind im Ganzen die un-
bestechlichsten im Englischen Parlamente, aber übel würde dem Lande gerathen seyn, wenn nur Landjunker im
Hause säßen. Solche Männer lassen sich in den wichtigsten verwickelsten Sachen am ersten irre führen.
Mangel an Einsicht hat im allgemeinen gewiß mehr Uebel, als böser Wille angerichtet. Wo können gute Diener des Staats herkommen, wenn die geschicktesten
Menschen in der Versammlung sitzen, und der Staat
darum ihrer an der Spitze der wichtigsten Aemter entbehren soll? Es muß auch eine schlechte Wirkung auf den
Geist der Dienerschaft hervorbringen, wenn ihr der Eintritt im Tempel der Gesetzgebenden Macht versperret
wird. In England ist der esprit de corps der wichtigen Staats-Bediente dadurch, daß so viele von ihnen
im

im Parlamente sitzen, mit dem Geiste der Volks-Repräsentanten gleichsam amalgamirt worden.   Um aber dem
Einflusse der Bediente Schranken zu setzen, hat man
Vorkehrungen hinzugefügt.   Eine große Anzahl öffentli-
cher Beamten dürfen nicht im Parlamente sitzen.   Eben
so hätte man in Frankreich verfahren sollen.

Die self denying ordinance, das Dekret, daß
keine Minister aus den Deputirten zur gegenwärtigen
Legislatur, zu Ministern, ernannt werden sollten, mochte gut seyn, um Mirabeau's Absichten zu vernichten,
aber welche äußerst nützliche und nothwendige Schonung
der executiven Gewalt entsteht nicht im Brittischen Parlamente, aus der, wenn noch so entfernten Wahrscheinlichkeit der Häupter der Opposition, dereinst in
das Ministerium kommen zu können.   Das eigene mit-
würkende mögliche Interesse ihrer Gegner sichert oft die
Minister dort für übertriebene Einschränkungen der exe-
cutiven-Macht.   In Frankreich hat man keine Rücksicht
hierauf genommen.   Die Leidenschaften der Deputirten
können jetzt nur dahin gehen, die Gewalt der Staats-
Bediente zu zertrümmern.

Der Einfluß der Krone, dieser so nothwendige
Einfluß zum Besten des Ganzen, ist in Frankreich zu
sehr vermindert worden.   Selbst das äußerliche Ansehen von Macht hat man dem Könige, so viel möglich,

Gesetz-

Gesetzmäßig nehmen wollen. Durch das Dekret, über das Recht, Krieg zu erklären, und Frieden zu schließen, hat im Grunde die Krone wenig verloren, denn auf diese Punkte mußte die National-Versammlung, wie das Parlament in England, immer die größte Einwirkung mittelbarer Weise behalten. Warum hat man sich aber damit nicht begnügt, was man bereits durch das Recht, Subsidien zu bewilligen oder zu versagen, und durch die Responsabilität der Minister in Händen hatte? Aber auch den Schatten von Gewalt nahm man dem Könige. Er und seine Anhänger wurden hier wieder unnöthiger Weise gereizt. Warum mußte der König, mehr als nützlich war, eingeschränkt werden? Ein König, der immer seine Fesseln fühlt, ist ein unnützes und schädliches Geschöpf. Alles spornt ihn an, die immer große Macht, die ihm der leere Titel giebt, wider die Constitution des Staats zu gebrauchen. Wie oft haben das nicht die Schweden erfahren!

Durch die Entziehung der Ernennung zu den geistlichen Würden und den Richter-Stellen, durch das Projekt in Rücksicht der Armee, nach welchem der König nur die Hälfte der Offiziere ernennen soll, hat die executive Macht den größten Theil ihres bisherigen Rechts, ansehnliche Belohnungen zu ertheilen, verloren. Mit den Richter-Stellen bleibt es desto auffallender, da es gar nicht wahrscheinlich wird, daß das Volk hiedurch unab-

unabhängigere und einsichtsvollere Richter erhält. Die
Zertrümmerung der Parlamente schien nothwendig. Sie
hatten den allgemeinen und anscheinend gerechten Haß
der Nation auf sich geladen. Eine andere Frage ist es:
Ob grade der Augenblick wo man mit den dringendsten
Angelegenheiten sonst genug beschäfftiget stand, wo man
billig den großen Aufwand, den die Ersetzung der Fi-
nance an die Parlaments-Räthe erforderte, hätte
scheuen sollen, der rechte Moment war, diese Reform
vorzunehmen, sich in ein neues unabsehbares Feld einzu-
lassen? Das wichtigste bleibt dieses, wird durch du
Ports Plan *) den die Versammlung mehrentheils
F 2   ange-

*) Die Haupt-Ideen davon finden sich schon in dem Mémoi-
re sur l'organisation du pouvoir Judiciaire, was Bergasse als Mitglied des ersten Committé de Constitution ent-
warf. Bergasse wollte, daß die Assemblées provincia-
les dem Könige zu jeder erledigten eigentlichen Richter-Stelle
drey Subjekte vorschlagen sollten. Die Präsentation mehrerer
ist nicht durchgegangen. Garat der jüngere sagt darüber
im Journal de Paris: La présentation de trois juges au
Roi ne derive d'aucun principe, n'est qu'un arrangement,
qu'un accommodement, als wenn sie darinn schlechter wäre,
weil sie sich nicht gerade zu aus einem abstrakten Principio
herleiten läßt; das Mémoire von Bergasse ist übrigens
nicht in dem Tone eines Mannes, der der höchsten Gesetzgebung, deren Mitglied er ist, Vorschläge zu Verbesserungen
vorlegt, geschrieben, sondern wie eine akademische Disserta-
tion. Anstatt damit anzufangen, die Fehler in der bisherigen Administration der Justiz zu untersuchen, hebt er mit
abstrak-

ángenommen hat, wird dadurch, daß das Volk die Richter auf sechs Jahre wählen soll, die es demnächst auf eben die Zeit zu ihren Stellen wieder erwählen kann, der vorgesetzte Endzweck in Justiz-Sachen am besten erreicht? Beym Volke, wenn es auch nur durch Wahl-Deputirte die Richter ernennt, sind nicht die Fähigkeiten vorhanden, zu beurtheilen, ob einer eine gelehrte Wissenschaft gründlich erlernt hat.

Ich

---

abstrakten Principien an, und mischt neben bey Athen, Sparta und Rom ein, was man einem Franzosen denn wohl verzeihen muß. Von seinen hier gelegentlich geäußerten Ideen nur dieses zur Probe, daß er die Todes-Strafe, außer beym Hochverrathe und Mord, abgeschafft wissen will, auch die Advocaten sollen keine Zunft mehr ausmachen. Leider sind zwar fast alle Schriften der Franzosen mit zur Unzeit angebrachten abstrakten halbwahren Principien angefüllt, selbst die des ehrwürdigen Mounier sind nicht ganz frey vom Tone der Zeiten. Lally macht fast die einzige Ausnahme, allein Bergasse ist hierin einer der ärgsten, obgleich gewiß nicht der unvernünftigsten. In seinen Schriften, vorzüglich in der letzteren Hälfte des Discours sur la maniere de limiter le pouvoir executif et legislatif, trifft man auch vortreffliche Beobachtungen an, aber beynahe unerklärlich ist es, wenn Bergasse als einen Hauptgrund, warum er den Serment civique nicht ablegen will, anführt, er thue darum nicht die Aufrechthaltung der Constitution beschwören, weil diese Constitution weder eine monarchische noch eine republikanische sey, und hinzufügt: Pourquoi pretendez vous me contraindre a jurer de maintenir une chóse *que je ne peux pas meme definir?*

Ich weiß wohl, daß nach manchen Mode-Bü-
chern in Deutschland die Jurisprudenz auch das nicht
mehr seyn soll, aber über die Idee haben Schloffer
und Hugo schon so viel trefflices gesagt, daß ich mich
mit deren Beantwortung nicht zu befaffen brauche. Was
das Volk nicht kann, können die Wahl-Deputirte eben
so wenig, denn wer sind diese Wahl-Deputirte? Ich
will das beste annehmen: Die vernünftigsten rechtlichsten
Leute aus jeder Assemblée primaire, die aber darüber
nicht urtheilen können, ob einer die gelehrten Erforder-
niffe zu einem Richter besitzt, da die größere Anzahl dieser Wahl-Deputirte immer aus Ungelehrten bestehen
wird. Man möchte zwar denken, daß ein Examen gegen
das Eindringen unwissender Menschen in die Gerichts-
Höfe schützen würde, aber erstlich ist, meines Wissens,
noch nichts über dieses Examen bestimmt, zweytens
dürfte das auch nicht hinlänglich seyn, denn mit den
Prüfungen ist es eine eigene Sache; wenn der Sinn
nicht in den Collegien herrscht, es damit genau zu nehmen, so sinken sie zu einer elenden Farce herab und dem
Collegialischen Sinne in Frankreich traue ich jetzt nicht
viel, da man bey der ersten Aeufferung gewiß über den
Despotismus des Collegiums schreyen würde. Ob der
verdienstvollen Bewerber zu dem Amte eines Richters
viele seyn werden, bleibt auch höchst unsicher. Ein
Mann der als Advokat durch Praxis oder sonst durch
andere Geschäffte, Geld erworben hat, möchte sich nicht

F 3   so

so leicht, wegen der Ungewißheit, ob man ihn nach sechs Jahren wieder erwählt, aus seinen einträglichen Connexionen heraussetzen. Wird die Bestellung auf sechs Jahre nicht einen äußerst bedenklichen Einfluß auf die Unabhängigkeit der Richter haben? Wird die größere Anzahl Muth genug behalten, keine Rücksicht auf diejenigen, die man wahrscheinlich bey der nächsten Wahl zu Wahl-Deputirten ernennen dürfte, und das wird sich an manchen Orten sehr gut voraussehen lassen, zu nehmen? Wer möchte bey solchen abhängigen Richtern gern einen Rechts-Handel mit einem angesehenen Menschen in einer Assemblée primaire haben? Von den Freunden der neuen Französischen Einrichtungen wird zwar, zum besten der Wahlen der Richter vom Volke, behauptet, daß in manchen Provinzen Deutschlandes, wo die Justiz-Collegia sehr gut bestellet sind, die Landschaften viele der Richter erwählen; Allein, theils ist zwischen den Landschaften und den Wahl-Deputirten aus den Assemblées primaires ein außerordentlich großer Unterschied. In den Assembleen besteht die Majorität aus ungelehrten Leuten. Bey den Landschaften ist die Mehrheit der Stimmen entweder in den Händen der Studirten, oder, wenn es auch die Mehrheit der Stimmen nicht seyn sollte; so hat die geringere Anzahl der Studirten doch in dieser Sache gewöhnlich das Uebergewicht, theils halten die scharfen und nicht zum Schein angestellte Prüfungen, die in den meisten deut-

schen

schen Staaten eingeführt sind, Unwissende von den Be,
werbungen um diese Aemter ab. Für deutsche Staaten
bleiben die Präsentationen der Landschaften zu den Ju,
stiz,Collegien darum von großer Wichtigkeit, nicht et,
wa, weil die Justiz durch diese Einrichtung besser ver,
waltet wird, das würde in den wohl eingerichteten
Staaten wahrscheinlich eben so gut geschehen, wenn auch
der Landes,Herr allein alle Richter,Stellen besetzte, son,
dern weil in Staaten, wo nicht viel Constitutionelle Frey,
heit ist, es ein Glück bleibt, wenn nicht alle Versor,
gungs,Mittel vom Gouvernement abhängen, es meh,
rere Auswege, als den Willen des Einzigen giebt, um
dem Staate nützlich zu werden, und einen angemeßnen
Unterhalt zu bekommen. Die Independenz des Geistes
wird noch dadurch aufrecht erhalten. In Frankreich
bedarf man dieses Mittels keinesweges. Daß die Wah,
len der Magistrats,Personen in vielen landsäßigen
Städten unsers Vaterlandes in den Händen der Bür,
gerschaft sind, dient auch nicht zur Vertheidigung der
neuen Französischen Organisation der Gerichte. Die
Magistrate entschieden freylich gewöhnlich auch in Justiz,
Sachen, aber sie sind nur Richter erster Instanz, wozu
das väterliche Ansehen bey den geringeren Volks,Klas,
sen, von eben so großer Wichtigkeit als das Studium
der Rechte ist. Zudem wird in sehr vielen Städten der
Syndicus, von dem das meiste in Civil,Sachen ab,
hängt, nicht von der Bürgerschaft, sondern vom Ra,

F 4   the,

the, der beſſer gelehrte Erforderniſſe, wie dieſe zu beurtheilen im Stande iſt, erwählt, oder gar vom Landes-Herrn geſetzt.

Gute Richter werden ſich nur alsdann, in Vorausſetzung gehöriger Prüfungen, in einem Lande bilden, wenn eine große Anzahl von Menſchen die Hoffnung einer Verſorgung vor ſich ſehen kann. Hiebey iſt ein Central-Punkt nothwendig. Dieſer wird am ſchicklichſten in die Hände der Regierung, vorzüglich in einem Lande wo dieſe genau controlirt wird, gelegt. Die Richter in England werden vom Hofe geſetzt, und ſind faſt immer die würdigſten, geſchickteſten, gelehrteſten Männer des Landes geweſen. Die Hoffnung einer ſicheren Verſorgung ſinkt jetzt in Frankreich zur äußerſten Ungewißheit herab. In einer Provinz mögen zehn geſchickte Männer, von denen aber nur einer erwählt werden kann, Connexionen haben, da in einer andern, ein ſehr untaugliches Subjekt, das hier Freunde oder Verwandte hat, den Sieg gegen ungleich tüchtigere Menſchen, ohne Anhang, davon tragen wird *). Wenn die auf ſechs

Jahr

---

*) Von den vielen ſeichten Räſonnements, die bey Gelegenheit der Frage von Beſetzung der Richter-Stellen in der National-Verſammlung von ſehr wirkſamen und bekannten Mitgliedern zum Vorſcheine kamen, mögen folgende beyde zur Probe dienen: Thouret ſagte: es ſey ſchädlich oder unnütz, ein Juſtiz-Collegium aus vielen Räthen zuſammen zu ſetzen. Man könne

Jahr erwählte Richter auch bey den folgenden Wahlen immer in ihren Aemtern bestätiget werden, so hat dennoch diese Einrichtung viele Nachtheile. Das Uebel dürfte aber noch ungleich drückender seyn, wenn dieses nicht erfolgte, und wenn viele Bewerber sich finden, wenn diese Aemter, der Unsicherheit ihres Besitzers uns

F 5

geach=

könne nicht erwarten, daß alle sehr einsichtsvolle Menschen seyn sollten. Die mittelmäßigen Beysitzer würden entweder wie die Klugen votiren, und wären also unnütz, oder im entgegengesetzten Falle schädlich. (Als wenn die wenigen Männer von ganz ausgezeichneten Eigenschaften alle Arbeit verrichten, als wenn die vorkommende Sachen nicht von ganz verschiedener Verwickelung und Schwere wären, und leicht zu entscheidende Rechts=Händel nicht von Leuten von sehr gewöhnlichen Fähigkeiten verarbeitet werden könnten, man nicht eine Anzahl zum Aufräumen haben müßte. Von einem vernünftigen Chef hängt freylich, durch die Austheilung der Arbeiten sehr vieles ab, allein ich kenne keine Einrichtung in der Welt, mit der es, die Fundamental=Verfassung mag noch so vortrefflich seyn, ohne Männer von Einsicht gut gehen könnte. In Frankreich soll zwar alles auf die Gesetze, und nichts auf die Menschen ankommen, aber die Wahrheit dieser Voraussetzung muß erst die Folge zeigen.) Die Idee eines neuen Gesetzbuches ist nicht weniger eine Lieblings=Theorie mancher Mitglieder. Mit Erstaunen hört man Mr de Chabroud sich so ausdrücken: Un nouveau Code de loix, tres facile a faire dans un siecle aussi eclairé comme le nôtre. Was doch jetzt nicht alles leicht seyn soll! Der Himmel bewahre aber Frankreich für ein leicht zu verfertigendes Gesetzbuch; und doch ist nun eben die Verfertigung eines neuen Gesetzbuches, sowohl in Civil= als Criminal=Sachen, decretirt worden.

geachtet, sehr gesucht werden; So müssen häufig an die
Stellen von Männern, die wenigstens eine Sechsjährige
Dienst-Erfahrung voraus haben, gänzliche Neulinge in
der Praxis kommen. Die daraus für die Urtheils-
Sprüche erwachsende Folgen sind unverkennbar. In
Frankreich scheint man zwar nicht darauf zu achten, wie
sehr in vielen Aemtern, auch der größte angebohrne
Scharfsinn zu seiner Vervollkommnung der Routine bedarf, aber man wird, sowohl in diesem Falle, als in
der so häufigen Abwechselung der Municipalität in den großen Städten, wo verwickelte Geschäffte durchaus erfah-
rene Männer erfordern, die Wahrheit der gesagten Bemerkung früh oder spät bestätiget finden.

In Civil-Sachen hat man keine Jury angenommen, und wahrscheinlich vorjetzt sehr weislich daran gethan. Das Richten durch Geschworne ist eine der herr-
lichsten Einrichtungen in England, aber es geht mit dieser, wie mit vielen andern der besten menschlichen Anordnungen, sie setzt eine gewisse Bildung voraus, die ein
Volk nicht auf einmal erlangt. In England ist diese
National-Sitte celtischer Völker ohne Unterbrechung in
Flor geblieben. Sie hat auch das ihrige zur Modifici-
rung des National-Charakters beygetragen. In Frankreich sind alle Spuren ihrer ehemaligen Existenz beynahe
verschwunden. Der National-Charakter hat bereits
dort seine Bildung bekommen, und diese läßt sich nicht so
leicht

leicht umschaffen. Es scheint vieles in dem Charakter der Franzosen zu liegen, was die Annahme des Processes durch Geschworne bedenklich macht. Zum kaltblütigen Untersuchen ist die Nation nicht besonders aufgelegt. Sie urtheilt oft nach vorgefaßten Ideen und einzelnen That = Sachen. Langjährige Uebung hat häufig ihre Richter nicht für übereilte Urtheils = Sprüche bewahren können. Dennoch ward der Proceß durch Geschworne in Criminal = Fällen angenommen. Ob die Französischen J u r i e s gerechter wie die vormaligen Parlamenter sprechen, ob sie keine Gelegenheiten für neue Jeu Patys geben werden, Proben der Menschen = Liebe abzulegen, stehet dahin. Herzlich zu wünschen bleibt es, daß das Experiment wohl gelingen möge. Der National = Charakter muß, wenn es Bestand hat, gute Früchte davon erndten. Die Publicität der Procedur wird freylich viel dazu wirken, die Geschwornen für grobe Irrthümer zu bewahren *).

Bey dieser Gelegenheit haben mehrere Mitglieder der National = Versammlung durch ihre Reden gezeigt, daß

---

*) Man sehe über die Anordnung der Iury, die jedoch vor der Verfertigung eines neuen Criminal = Gesetzbuches in Frankreich nicht eingeführt werden soll, Thourets second discours à l'assemblée nationale sur l'organisation du pouvoir judiciaire, der viele äusserst richtige und gründliche Bemerkungen enthält.

daß sie gar keinen Begriff von der Wichtigkeit des Rich=
ter=Amtes, da wo eine Jury Statt findet, haben.
Bald heißt es: Die Richter in England wären nichts
weiter que les proclamateurs de la loi et les Profes-
seurs de la Iustice, dann sagt Barat im Iournal de
Paris, avec des loix bien faites, simples claires et
connues de tout le monde! (Wie viel der Mahn nicht
vorausseßt!) Le Iuge du droit ne sera gueres qu'un
lecteur public et le proclamateur des loix. In Eng=
land wenigstens ist der Richter ungleich mehr. Seine
kurze Darstellung der vorliegenden Sache an die Ge=
schwornen bleibt gewöhnlich von der größten Bedeutung.
In Frankreich mögen vielleicht jeßt manche glauben, daß
wer Filangieris Distinktionen von den Graden der
Schuld nur recht inne habe, gleich die, jedem Grade
des Verbrechens angemessene Strafe bestimmen könne,
allein in der Anwendung dürfte man nur zu früh ge=
wahr werden, daß diese Unterscheidungen nicht viel mehr
als Fach=Werk sind.

Nächst den Einschränkungen der Königlichen
Macht, worin man, meinem Bedünken nach, viel zu
weit gegangen ist, war die Organisation der National=
Versammlung selbst, der wichtigste Gegenstand für die
Verfassung. Die strengen Theoretiker unter den Depu=
tirten behaupteten Anfangs, daß die gegenwärtige As=
semblée nichts weiter als eine Convention nationale sey,
die

die nur den Plan der Verfassung entwerfen könne, der
erst vom Volke, durch die Erwählung einer neuen National-Versammlung und deren Ratification der von
der gegenwärtigen festgesetzten Constitution, genehmiget
werden müßte. ‏‏‏‏‏Zusammenhängend war das freylich
räsonnirt. Wie konnte man dem Volke eine Verfassung aufdringen? Seine Einwilligung mußte durch die
Stimme neu gewählter Repräsentanten bekannt werden,
aber mit den wichtigsten Angelegenheiten in der Welt
kann man unglücklicher Weise nicht so systematisch, nicht
so in der Form Rechtens, verfahren, wie in den min-
dern beträchtlichern Geschäften des bürgerlichen Lebens,
wenn nicht das ganze Band der Gesellschaft Gefahr laufen soll, über diese genaue Beobachtung der Form, ge-
trennet zu werden. Man denke sich die unabsehbare
Verwirrung, die daraus entstehen, die Zeit-Verschwen-
dung, die nothwendig erfolgen müßte, wenn eine andere Versammlung wieder von vorne anfangen sollte,
die Constitution Stückweise und im Ganzen zu untersuchen, und wenn die neue Assemblée entweder alles oder
nur einige Haupt-Stücke umwürfe, müßte denn nicht
wieder eine andere erwählt werden, um den Plan der
zweyten zu genehmigen. Die Menschen ertragen es
nicht, so lange in Ungewißheit über so wichtige Punkte
zu seyn. Die meisten wollen zu ihrer Beruhigung etwas
bestimmtes haben. Es ist auch äußerst schädlich, einer
Nation die Begriffe zu geben oder zu verstärken, daß
ihre

ihre Verfassung so wandelbar seyn darf. Soll die Verfassung auf den Charakter der Nation wirken, und dieses muß sie, wenn man sie erhalten will, so kann das
nur durch die Länge der Zeit, verbunden mit der Heilig-
keit ihres Ansehens, die vom Alter Stärke bekömmt,
geschehen. Das Beyspiel von den Nord-Amerikanischen Staaten, wo der Plan zum neuen Congresse erst
durch eine Convention festgesetzet ward, paßt nicht hieher. Dort galt es nur der Frage: Wie das Band der
Union zwischen den dreyzehn Staaten bestimmt werden
sollte? Freylich mit Aufopferung einiger Souverainitäts-
Rechte von Seiten der verschiedenen Staaten, aber jeder einzelne derselben hatte seine Verfassung, von dieser
war nicht die Rede. Es war mehr eine Negociation
zwischen den Ministern unabhängiger Mächte, die füg-
lich auf die Ratification des Souverains warten konnte. Demungeachtet ward in der National-Versammlung von den Demokraten Anfangs sehr viel über den
Unterschied zwischen pouvoir constituant und pouvoir
constitué subtilisirt, obgleich auch diese Distinktion den
jedesmaligen Bedürfnissen der Partey weichen mußte.
Je mehr aber die Demokraten die Oberhand gewannen,
je weniger hörte man davon reden. Die Idee von einer zukünftigen Ratification ward durch das eigene Interesse der Demokraten vertrieben. Unwiderrufliche Gesetze, wie die der Meder und Perser, werden sie zwar
nicht machen können noch wollen, aber ein Probe-Stück

zur

zur Schau soll doch nun die errichtete Conſtitution nicht mehr ſeyn.

Die National-Verſammlung hat jetzt ſelbſt ausgemacht, daß ſie bis zur Vollendung der Verfaſſung ſitzen wolle. Mir ſcheint auch dieſer Beſchluß ſehr weißlich und nothwendig, obgleich mehrere Mitglieder Anfangs die Dauer der gegenwärtigen Verſammlung auf eine beſtimmtere kürzere Zeit einzuſchränken meinten. Ich will keine Seiten-Blicke darüber thun, in wie fern dieſer Beſchluß einem ähnlichen des bekannten long Parliament gleiche. Der wahre Patriotismus vieler Repräſentanten, der herrſchende Sinn im Volke, wird hoffentlich einer zu langen Verlängerung der jetzigen Aſſemblee mit Erfolg entgegen arbeiten. Noch darf ſie auf keinen Fall auseinander gehen, wenn nicht die Verwirrung ärger wie je werden ſoll, die Zeit ihrer Diſſolution iſt zwar ſehr ins unbeſtimmte verſchoben. Lally ſagt gelegentlich ſehr recht: Alles gehört zur Conſtitution, wenn man will. Im engen Verſtande des Worts iſt die Verfaſſung beynahe völlig vollendet. Dinocheau, Deputirter zu der National-Verſammlung und Herausgeber des Courier de Madon, ein eifriger Demokrate, erklärte in dieſem Blatte, ſchon vor einigen Monaten, die Conſtitution ſey vollendet, es bliebe nichts übrig, als noch einige aus ihr fließende Folgerungen zu beſtimmen. Aber ſo ſchwankend auch der Zeitpunkt der Aus-

eins

einandergehung der jetzigen Assembleen festgesetzt worden, so war es doch nicht möglich, ihn genauer anzu-
gaben.

Eine Haupt-Frage bey der Organisation der National-Versammlung betraf die Vertheilung in zwey
Kammern, eine Vertheilung, die nicht allein in England
durch das Herkommen, sondern auch fast in allen einzelnen Nord-Amerikanischen Staaten, und sogar in dem
neu eingerichteten Congresse daselbst, ausdrücklich eingeführt worden. Die Gründe sind bekannt, aus welchen
Monnier, Bergaffe und Lally die Nothwendigkeit der Vertheilung behaupteten, die auch Calonne
empfahl. Das Memoire, das Lally, als Mitglied
des ersteren Comitté de Constitution am 31ten August 1789. vorlaß, betrifft vorzüglich die Untersuchung
dieser Frage.

Mir scheint es hauptsächlich bey Erörterung der Sache darauf anzukommen:

1) Ob die Vertheilung des Gesetzgebenden Körpers in zwey Kammern überwiegende Vortheile im allgemeinen habe, und

2) Ob besondere Ursachen in Frankreich vorhanden waren, die vorzüglich dort diese Eintheilung wünschenswerth machten?

Anlan-

Anlangend den ersten Punkt, so wird die Macht einer großen Gesetzgebenden Versammlung, vorzüglich in einem Reiche, wo dem König nur eine aufschiebende Verneinung gegen die Beschlüsse dieser zugestanden worden, nicht leicht durch etwas anders, ohne die größten Nachtheile in gehörige Schranken zu halten seyn, als durch die Vertheilung in zwey Kammern oder Häuser. Der Geist des Zeitalters in Frankreich neigt sich dahin, mit einer großen Eifersucht alle Schritte der executiven Gewalt zu beleuchten, dieser enge Grenzen zu setzen. Bis auf einen gewissen Grad bleiben alle zu dem Endzwecke angewandte Bemühungen löblich, ja vortrefflich, nur muß man über das eine nicht das andere vergessen, die Versammlung der Gesetzgebenden Macht nicht zum Despoten, an die Stelle des Einzigen erheben. Abgerechnet, daß der Despotismus von 1200 Menschen weit drückender, unausstehlicher ist, als der eines Mannes; so bleibt das Mittel, was zuweilen diesen noch im Zaume hält, das Urtheil des Publikums, die öffentliche Meynung, von gar keiner, oder einer sehr geringen Einwirkung bey einer großen Versammlung, die nichts über oder neben sich erkennt. Der entschlossenste Regent oder Minister wird doch oft nicht gleichgültig gegen die öffentliche Meynung seyn. Man sehe nur, wie sich einzelne Mitglieder eines Collegiums äussern, ehe ein Beschluß des Corps, zu dem sie gehören, über eine Sache genommen worden. Ihr Urtheil wird häufig

G   be=

beſcheiden, nachgebend gegen die Jdeen ſolcher Männer
ſeyn, die nicht im Collegio ſitzen. Kaum iſt hingegen
etwas, vermöge einer Collegialiſchen Berathſchlagung
feſtgeſetzt; ſo ſteifet ſich der nicht ganz ungewöhnliche
Mann auf das Deciſum, wenn er auch ganz und gar
keine Achtung, weder für den Verſtand noch die Kemtnt-
niſſe der Stimmenden einzeln genommen hat. Die meiſten Menſchen hegen häufig in wichtigen Angelegenheiten
ein Mißtrauen in ihre eigene Einſichten, wenn ſie gleich
ſolches nicht merken laſſen. Auf jedes Individuum, das
neben ſie ſitzt, halten ſie oft eben ſo wenig, gewöhnlich
noch weniger, als auf ſich ſelbſt, aber es iſt, als ob
ſie der Entſcheidung einer Verſammlung eine magiſche
Kraft zutrauen, als wenn ſie glaubten, daß außer den
einzelnen Gliedern, aus welchen die Verſammlung be-
ſteht, noch höhere beſondere Einſichten mitwirken, und
doch macht die halbe Vernunft von ſechzig mittelmäßigen Köpfen noch nicht die ganze Vernunft von dreißig
guten, oft nicht die eines einzigen vorzüglichen Kopfes
aus. Der Collegial-Geiſt iſt anſteckend und erhebt
über die öffentliche Meynung. Wenn der Sanhedrin
einmal etwas beſchloſſen hat, ſo verachten Phariſäer
und Schriftgelehrte, als Mitglieder deſſelben, das Urtheil des Volks in Juda, vor dem jeder einzelne zitterte.
Um die Nation gegen das Uebel einer zu großen Hintan-
ſetzung der öffentlichen Meynung zu ſichern, iſt man in
Frankreich auf eine kurze Dauer der Legislatur und meh-

rere

rere Mittel verfallen, von denen ich unten fämmtlich re=
den werde, die aber alle ein anderes, vielleicht eben
fo großes Nachtheil mit fich führen müffen, indem fie
die Mitglieder der National=Verfammlung daran verhin=
dern, fich eine genaue Bekanntfchaft der Staats=Ange=
legenheiten im großen zu erwerben.

Die Vertheilung der Gefetzgebenden Gewalt in
zwey Kammern fcheint für ein großes Reich der einzige
Ausweg zwifchen Unkunde und Depotismus abfeiten die=
fer Gewalt zu feyn.

Wenn der Vorfchlag, zu jeder neuen Verfügung
erft von zwey ganz getrennten Verfammlungen geprüft
werden muß, ehe er die Kraft eines Gefetzes erhält, fo
wird dadurch die Wahrfcheinlichkeit für die Weisheit der
gemeinfchaftlichen Befchlüffe der beyden Kammern, und
eine billige Rückficht auf die Stimme der Nation ungleich
größer und die Gefahr für die Eingriffe eines mächtigen
Körpers, fowohl gegen die Rechte der executiven Gewalt,
als die des Volkes aufferordentlich vermindert. Jede
Kammer wird zwar ihren eigenen Collegial=Geift haben,
der aber durch feine Verfchiedenheit und Vertheilung
nicht leicht bedenklich werden kann. Zuweilen dürfte
der Fall eintreten, daß man einen fehr guten, von einer
Kammer genehmigten Antrag zu einem Gefetze von der
anderen verworfen fieht. Allein wenn der Antrag würk=
lich weife war, fo wird er, wenn man ihn erneuret,

unter=

unterſtützt von der Stimme des Publikums, doch gewöhnlich am Ende durchdringen; nicht zu gedencken,
daß es meiſtens beſſer iſt, ſich der Gefahr auszuſetzen,
ein gutes Geſetz zu entbehren, als ein ſchädliches zu erhalten. Die Prüfung eines Vorſchlages, die von zwey
Kammern geſchieht, muß ungleich reifer, ungleich ent-
fernter von den Nachtheilen eines esprit de corps ſeyn,
als wenn eine einzige Verſammlung die Unterſuchung
der Sachen zwiſchen noch ſo vielen bureaux oder Committés vertheilt. Dieſe engere Ausſchlüſſe können nicht
beſchließen. Die Entſcheidung ſteht der Verſammlung
zu, und die Mitglieder der Committés oder Bureaux
haben kein beſonderes Intereſſe, keinen andern Stand-
punkt, aus dem ſie die Dinge anſehen, der von demjenigen der Verſammlung unterſchieden wäre. Umſonſt
ſchreibt ſich die höchſte einzige Verſammlung ſelbſt Geſetze
über die Art und Weiſe ihrer Berathſchlagungen vor.
Sie wird durch nichts daran verhindert, die Regeln,
die ſie ſich in dem einen Augenblicke gegeben hat, in
dem folgenden ſogleich zu übertreten. So ward, zum Bey-
ſpiele, in der National-Verſammlung das Dekret, daß
die Entſcheidung über die Fortdauer der Oſt-Indiſchen
Compagnie bis nach der Vollendung der Conſtitution.
aufſchob, am folgenden Tage wieder aufgehoben, ohne
daß in den 24 Stunden neue Umſtände eingetreten waren, die die Vernichtung der gegebenen Beſtimmung
rechtfertigen konnten. Zur Vorſicht gegen übereilte Be-

ſchlüſſe

schlüsse, dekretirte die Französische National-Versammlung sehr zw äßig, daß über jeden Antrag in drey
verschiedenen Sitzungen berathschlagt werden sollte.
Aber kaum war der Befehl festgesetzt, als man seiner
nicht mehr gedachte, als man auch ohne dringende Veranlassungen die wichtigsten Fragen an einem Tage unter-
suchte, und entschied. Es ist nicht möglich, den lebhaften Sinn einer großen Versammlung für eine tumultua-
rische Verfahrungs-Art, für Uebereilungen, für das
nicht achten ihrer eigenen Anordnungen anders zu bewahren, als durch eine Vertheilung in zwey Kammern.
Die beyden Abtheilungen der Gesetzgebenden Macht, dürfen sich zwar wechselseitig nicht in die innere Einrichtungen der einen oder der andern mischen, aber die Emu-
lation, die nothwendig unter beyden entstehen muß,
wird das beste Verwahrungs-Mittel gegen die benannten Fehler seyn. Eine heilsame Eifersucht veranlaßt,
daß jede Abtheilung behutsam zu Werke gehet, alle ihre
Schritte beachtet und ihre eigene Anordnungen nicht
leichtsinnig überschreitet, sondern sorgfältig respektirt.
Ueber das Urtheil eines großen Theils der Nation fühlt
sich eine Versammlung erhaben, weil manche Gelegenheiten vorkommen können, wo sie würklich nicht darauf
achten kann, allein gleichgültig wird sie nie gegen die
Denkungsart einer ihr gleich gesetzten Versammlung werden, deren Beyfall ihr unentbehrlich ist, die sie nicht
von oben herab, als ihr untergeordnet, betrachten kann.

G 3   Die

Die executive Macht kann auch nur durch die Vertheilung der Gesetzgebenden in zwey Ka mern gegen alle
zu befürchtende Eingriffe gesichert werden. Wer ist jener sonst Bürge, daß sie den geringsten Antheil an der
ihr durch die Constitution verliehenen Gewalt behält?
Diese Vertheilung schützt den Regenten noch besser, wie
selbst das Recht einer völlig verneinenden Stimme, von
der, ohne große Bewegungen im Volke zu erregen, so
selten Gebrauch zu machen stehet. Die Allmacht, die
jeder Gesetzgebender Körper sich bald zueignet, und auch
gewissermaaßen besitzen muß, kann nur durch eine Vertheilung in zwey Kammern in gehörigen Schranken gehalten werden. Ich habe hier jedoch durchaus nur auf
große Reiche Rücksicht genommen. In kleinen Staaten,
wo der Verhältnisse ungleich weniger und die wenigen
ungleich einfacher sind, mag man der von mir in der
benannten Voraussetzung für nothwendig gehaltenen
Vertheilung entübriget seyn können.

Im ersteren Falle bleibt aber die Erfahrung gänzlich auf meiner Seite.

Wir müssen zweytens untersuchen, ob besondere
Ursachen in Frankreich vorhanden waren, die vorzüglich
dort die Vertheilung in zwey Kammern wünschenswerth
machten. Die Frage: Ob und in wie fern der National-Charakter der Franzosen es vielleicht vorzüglich erfordert

fordern möchte, daß ein mächtiger Körper im Staate
wäre, der einen andern mächtigen Körper für schädliche
Uebereilungen, in die lebhafte Menschen leichter als ruhige
der lebhafte verfallen, bewahren könnte, will ich über=
gehen, obgleich sich auch daraus viele Gründe für die
geäusserte Meynung nehmen ließen. Ich will mich nur
bey dem Zustande der Personen in Frankreich aufhal=
ten. Es gab daselbst einen sehr zahlreichen und mächti=
gen Adel, und eine eben so beträchtliche Geistlichkeit.
Beyde Stände waren seit Jahrhunderten im Besitze vie=
ler und großer Vorrechte. Es wäre äusserst schädlich
für, ja unvereinbar mit der Verfassung eines gemisch=
ten Frey=Staates, wie Frankreich durch die Zusammen=
Berufung der Stände werden mußte, gewesen, wenn
man alle Vorrechte der beyden Stände hätte beybehalten
wollen. Dieses war auch schon durch die in dem uns
gleich größeren Theile der Nation herrschende Denkungsart
unmöglich. Es mußten Aufopferungen geschehen, weil
die Nothwendigkeit der Sache, begleitet von der Stim=
me des Volkes, solches verlangte. Selbst die privile=
girten Stände fühlten das, und der größere Theil von
ihnen schien einig, den Antheil an der Steuer=Freyheit,
den er bisher genossen hatte, der aber nach Neckers
ersten Berechnung nur 10 bis 12 Millionen jährlich be=
trug, aufzugeben. Allein dieses Opfer war nicht be=
trächtlich genug, und auch nicht von der Art, die vor=
züglich verlangt wurde. Der Adel hielt steif auf seine

G 4 persön=

perſönlichen Vorzüge. Es wollte, ihm noch, nicht in den
Sinn kommen, daß er mit den Mitgliedern des dritten
Standes, wie Menſch zu Menſchen umgehen mußte.
So lange gewohnt, dieſen auf das äuſſerſte zu betrach‐
ten, äuſſerte er nichts in ſeinem Betragen gegen ſits
Volk, das er wie eine Heerde anſah, weil es ſo lange
ihn für die Hirten erkannt hatte. Nicht allein die Maſ‐
ſe der Nation, ſondern auch die edelſten Menſchen au‐
ter ihr, die eben die Bildung, vielleicht eine beſſere, wie
der Adel, empfangen hatten, wurden von ihm auf das
übermüthigſte behandelt, mit dem Auge etwa, wie die
Auserwählten die Verworfenen anſehen mögen, betrach‐
tet. Es iſt nichts, wogegen die Gefühle der Menſchen
ſich ſo empören, als gegen Aeuſſerungen von perſönlicher
Inſolenz. Je eitler ein Volk iſt, je mehr werden dieſe
von oben übertrieben, je tiefer von unten gefühlt.

Die Mehrheit des Adels in Frankreich hat ſich al‐
les Uebel, was ſie jetzt drückt, ſelbſt zuzuſchreiben.
Sie hat die widerſpenſtigſte Beharrlichkeit auf alte per‐
ſönliche Vorrechte, zu einer Zeit gezeigt, da alle Sym‐
ptome zum ſanften Nachgeben rathen mußten. Nicht ein‐
mal in den Vorſchlag der Geiſtlichkeit, ſich mit ihr in einer
Kammer zu vereinigen, wollte ſie hineingehen, ein Vorſchlag,
den vielleicht ſogar der dritte Stand damals nicht auf.
das heftigſte angegriffen haben würde, weil er doch
durch

durch dessen Realisirung der Gefahr entgieng, daß zwey Stände die Mehrheit der Stimmen gegen ihn ausmachten pllein Vorschlag, durch dessen Annehmung zwar manches Gute, was jetzt geschehen ist, wahrscheinlich unterblieben, vieles Uebel aber auch verhütet wäre. Die Erklärung des tiers etat zu einer National=Versammlung erfolgte. Die Revolution vom 14ten Julius kam bald nach. Der so lange unterdrückte dritte Stand ward nun allmächtig. Durch die Beschlüsse vom 4ten bis 10ten August wurden den Güter=Besitzern, also größtentheils dem Adel, viele Eigenthums=Rechte entzogen. Mehrere Dekrete, worunter einige würklich weise waren, hoben die Vorrechte des Adels allmählig ganz und gar auf. Der Beschluß der National=Versammlung, daß der Stand keine ausschließende Rechte zu irgend einer Bedienung ertheilen solle, steht hier billig oben an. In jeder Verfassung, wo würklich eine Stimme des Publikums existirt, kann und darf das nicht anders seyn. *). Aber nach allen den Drangsalen, die

G 5   der

*) Ich habe in einem Aufsatze in der Berlinischen Monats= Schrift zu zeigen gesucht, daß es den deutschen Staaten nicht vortheilhaft seyn würde, wenn Bürgerliche darin zu den ersten Stellen gelangten, aber in der ausdrücklichen Voraussetzung, weil in keinem mir bekannten deutschen Staate eine öffentli= che sichere Stimme des Publikums Statt findet. Meine Mey= nung hat sich bis jetzt nun nichts geändert, und ich werde nur alsdann die Erhebung eines Bürgerlichen zu den ersten Staats=

der Adel seiner Meynung nach und auch würklich erbil-
dete, unter welchen manchem teutschen Hofe,
die Abschaffung des bisherigen Erfordernisses, der Ueber-
gebung des Stammbaums vor der Präsentation an den
König die schrecklichste dünken mag, hätte man für seine Zufriedenheit sorgen, auch etwas für ihn thun müssen. Es war einmal im Staate eine sehr große Anzahl
von Menschen, die durch Geburt und Erziehung, mit
tief, sehr tief eingeprägten Ideen von besonderen Vor-
rechten herangewachsen waren. Die an sich wichtige Anzahl ward dadurch noch wichtiger, daß sie die größten
Land-Eigenthümer unter sich begriff. An der Zufriedenheit einer so wichtigen Klasse mit der neuen Staatsverfassung, mußte deßen Gesetzgebern unendlich viel gele-
gen seyn. Es kam darauf an zu verhindern, daß die
bisherigen ersten Bürger im Staate keine Unruhen erregen, nicht immer von Complotten zu Complotten getrieben werden könnten. Die Frage: Ob es gut sey, einen Adel im Staate zu haben? durfte nicht so nackend
und bloß in Betrachtung kommen. Der Adel war einmal da. Die National-Versammlung war kein Prome-
theus, der Menschen formen, kein Plato, der den Plan
einer vollkommenen Republik ausdenken, kein Penn,

der

Staats-Würden für überwiegend vortheilhaft halten, wenn
der Plebejer, der dazu kömmt, seine Macht zu der sichern
Gründung einer solchen öffentlichen Stimme anwendet.

der eine Colonie mit Menschen, die auf allen Unterschied
unter einander entsagt hatten, stiften sollte. Was völlig
unvereinbar mit einer guten Staats-Verfassung war,
mußte dem Adel genommen werden. Dagegen hätte
man ihm eine mit einer weisen Ordnung der Dinge pas-
sende Entschädigung gewähren sollen. Ein Oberhaus bot den besten Ausweg dar. Man hätte dazu,
wenn man die Ernennung der Mitglieder dem Könige
nicht zugestehen wollte, vom Volke die eine Hälfte der
Mitglieder aus dem Adel wählen lassen können. Mit
Mounier bin ich zwar von den Vortheilen eines Oberhauses, wo die Stellen erblich sind, überzeugt, allein
auch durch ein nur auf gewisse Jahre gewähltes Ober-
Haus wäre schon für den Adel etwas wichtiges geschehen. Wenn denn die jetzige National-Versammlung,
als pouvoir constituant, Gefahren darin erblickte,
gleich ein Oberhaus anzuordnen, warum schnitt sie durch
den 5ten Artikel der Constitution dem Adel alle Hoff-
nungen, die für ihn aus einem Ober-Hause hätten erwachsen können, ab, indem sie erklärte, daß die Versammlung nur aus einer Kammer bestehen solle? *).

Wenn

---

*) Ein Mann, dessen Nahmen ein jeder Deutscher, in den
Fächern, wo er zu Hause ist, mit der größten Ehrfurcht nennen muß, zu denen aber das Staats-Recht nicht zu gehören
scheint, Wieland, sagt in seinen Betrachtungen über die
Französische Staats-Revolution, im Junius 1790. des teutschen Merkurs p. 163.: daß der wichtigste Punkt wegen der
Vertheilung der National-Versammlung in zwey Kammern,

noch

Wenn man billig verfahren wollte, so mußte man auf
einige Entſchädigung für den Adel denken. Die Natio=
nal=Verſammlung ſchlug hingegen einen ganz andern
Weg ein. Nicht zufrieden damit, dem Adel alle wirkſa=
me Vorrechte entzogen zu haben, vernichtete ſie auf ein=
mal den Adel, ſeine Titel, Namen, Wappen und Livreen,
zerſtörte auf das muthwilligſte, zweckloſeſte, die ange=
ſtammten harmloſen Ueberbleibſel voriger Größe. Unter
allen den Gründen, mit welchen die Aufhebung des Adels
unterſtützt wurde, war doch nicht ein einziger, der eine
ernſthafte Widerlegung verdiente. Daß man in England
nicht der Herzog Pitt und der Marquis Fox ſagt,
beweiſet allein die Unſchädlichkeit des Adels in einem
freyen Staate, beweiſet, daß man der erſte Mann in
demſelben ſeyn kann, ohne ſolche Titel zu beſitzen. Durch
phantaſtiſche Ideen von Gleichheit der Menſchen, durch
die unedle Begierde das zu demüthigen, zu kränken, was
man ſonſt über ſich ſah, ward der Adel vernichtet. Die
alten geſetzmäßigen Vorzüge hatte man ihm, zum Theil
aus ſehr guten Gründen, genommen. Warum aber in
die öffentliche Meynung eingreifen, auf dieſe wirken wol=

len,

noch immer unentſchieden ſey; allein hätte ſich Wieland
nur die Mühe genommen, die vom Könige am 5 October 1789
ſanktionirten Artikel der Conſtitution nachzuſehen, ſo würde
er gefunden haben, daß darüber in dem oben angezogenen Ar=
tikel bereits die deutlichſte Beſtimmung erfolgt iſt. Aus Mou=
nier's Expoſé und Lally's zweytem Briefe hat man bereits
umſtändlich den ganzen Hergang der Sache erfahren.

len, über die so selten Gesetze etwas vermögen? Necker
hat meisterhaft gezeigt, daß gar kein wahrer Vortheil
für die Nation aus dem gedachten Dekrete entstehen könne. Ganz ohne Nutzen ist dadurch die angesehenste sehr
zahlreiche Klasse im Staate, auf das empfindlichste belei-
digt, gereizt. Was soll diese jetzt besonders an die neuen
Einrichtungen binden? Die Vorzüge einer freyen Verfassung kann der Adel nicht so sehr fühlen, da er von dem
Drucke der vorigen nicht so viel gelitten hat. Was hat
er von seinen ehemaligen Vorzügen anders beybehalten,
als vielleicht mittelbare Connexionen, die selbst nicht weit
führen können? Wie groß wird wohl unter den vormals
Mächtigen die Anzahl derer seyn, die aus Patriotismus
diese große Veränderung willig ertragen? Wird nicht
beynahe ein Jahrhundert verstreichen können, ehe die alten Ideen unter so vielen verschwinden? Ist es das Mittel, eine sehr wirksame Klasse an eine neue Staats-Verfassung zu knüpfen, wenn man ihr alles nimmt und nichts
wieder giebt? Man sage nicht, daß durch die Einrichtung
eines Oberhauses die völlige Zufriedenstellung des Adels
auch nicht zu erreichen gewesen wäre. Bey einem großen
nicht ganz unbillig denkenden Theil hätte das Mittel immer wirken müssen. Die heimlichen Feinde der neuen
Einrichtung wären sicherlich beträchtlich in der Folge dadurch vermindert worden. Jetzt wird der Streit zwischen Oligarchen und Demokraten, der so viel griechische
Republiken zerrüttete, sobald in Frankreich nicht aufhören,

ren. Um die Verfassung zu befestigen und für beständi=
ge Wiederholungen von innerlichen Unruhen zu sichern,
gab es nur zwey Wege, die Feinde entweder durch eini=
ges Nachgeben zu gewinnen, oder sie auf einmal durch
eine neue Bartholomäus=Nacht zu vertilgen. Das letz=
tere wollte man nicht, und konnte man auch nicht wollen.
Das erstere blieb das einzige ergreifbare Mittel, in einer
Nation, wo Adels=Sinn sonst so mächtig wirkte, selbst
von den Plebejern auf eine übertriebene Weise gekannt
und geschätzt wurde. Der Strom hat eine ganz andere
Richtung für den Augenblick genommen. Wer kann es
aber verbürgen, daß er nicht mit gedoppelter Macht in
seine alten Ufer zurückkehren werde? Wahrscheinlich ist
es jetzt nicht; allein, aller Abneigung ungeachtet, die
Cromwell und der herrschende Sinn seiner Zeiten An=
fangs gegen das Oberhaus zeigten, fand sich dieser glück=
liche Tyrann doch gezwungen, dem Geiste der Nation,
der sich bald veränderte, dadurch zu schmeicheln, daß er
ein Oberhaus ernannte, worinn die Mitglieder auf Le=
benszeit sitzen sollten. Wahrlich! es waren besonde=
re Ursachen in Frankreich vorhanden, die dort die
Einrichtung eines Oberhauses wünschenswerth
machten. Umsonst, ihr Antrag dazu ward verworfen.
Lally zeigt deutlich, wie außer den demokratischen
Grundsätzen, die Furcht vom Volke zerrissen zu werden,
bey einem großen Theile der Deputirten hiezu wirkte, und
eine andere beträchtliche Anzahl heimlicher Aristokraten,

die

die alle übertriebene Demokratische Projekte in der Absicht
begünstigten, um durch deren Erreichung der neuen Constitution den schleunigsten Sturz zu bereiten, auch aus
dem angeführten Grunde dagegen stimmte. Wenn ein
Mann, wie Lally, von den Entdeckungen, die ihm
hierüber gemacht wurden, selbst nur im allgemeinen redet, so verdient er Glauben, so lange man ihn nicht widerlegt hat, und dieses ist, so viel ich weiß, noch nirgend
geschehen.

Die Dauer einer jeden National = Versammlung
oder Legislatur ward auf zwey Jahre bestimmt, eine Zeit,
an die die gegenwärtige, durch das oben angeführte Dekret, aber nicht gebunden zu seyn scheint. Die Frage
von den Vortheilen und Nachtheilen einer längeren oder
kürzeren Dauer der Versammlung der Volks Repräsentanten ist in England so oft verhandelt worden, daß fast
nichts mehr darüber zu sagen bleibt, was nicht schon bey
Gelegenheit von Sawbridges jährlicher Motion, die
Zeit der Sitzung eines und des nehmlichen Parlaments
abzukürzen, häufig vorgekommen wäre. Eine nur zwey-
jährige Dauer wird wahrscheinlich das überwiegende Nachtheilige mit sich führen, daß die Repräsentanten nicht Zeit
haben werden, eine gehörige Kenntniß von den Staats-
Sachen im großen und deren Behandlungsart zu bekommen, nicht selbst erfahren können, wie weit sie in Anwendung ihrer Grundsätze gehen dürfen, also entweder ohne

gehö-

gehörige eigene Beobachtungen zu eilfertig verfahren, oder
wenn sie den Mangel und die Nothwendigkeit, diesen
zu ersetzen, spüren, durch die kurze Zeit ihrer Wirksamkeit das Interesse verlieren etwas durchzuführen, was
weitläuftige Bemühungen vorausgesetzt, und gleich ge-
stimmte Arbeiter für die Folger erheischt. In dem größten Maaße würde der Fall eintreten, wenn es gegründet
seyn sollte, was Bergasse gelegentlich anführt, *) daß
durch ein Dekret festgesetzt wäre, daß keiner von den Mitgliedern der vorigen Legislatur in der nächstfolgenden
wieder erwählt werden könnte. Aller angewandten Mühe ungeachtet bin ich nicht im Stande gewesen, das Dekret selbst aufzufinden. Der siebente Artikel der Constitution scheint nur von einer allgemeinen Wahl aller Deputirten bey jeder Legislatur, im Gegensatze der Erneu-
rung nur eines Theils derselben, wie solches in dem Amerikanischen Oberhause bestimmt ist, zu reden. Da Bergasse jedoch so zuversichtlich über eine so offenbare That-
sache, als das Daseyn eines Dekrets, spricht, wo ihn
jeder widerlegen konnte, diese Widerlegung aber nicht erfolgt ist, so bin ich gezwungen, ihm Glauben beyzumes-
sen. Hat es mit dem Dekrete seine Richtigkeit, so wird
dadurch nicht allein die Wahlfreyheit auf das nachtheil-
ligste eingeschränkt, indem die Nation der Männer, auf
die sie, vielleicht mit Recht, das größte Vertrauen setzt,
eine

*) Bergasse Lettre à Mr. Dinocheau p. 12.

eine Zeitlang entbehren muß, es auch gar nicht wahrscheinlich bleibt, daß eine so große Anzahl von Männern
von Geist, Einsichten und Fähigkeiten, zu so wichtigen
Stellen, als die der Volks-Repräsentanten sind, vorhanden seyn sollte, daß 747 durch andere 747 gut zu ersetzen wären. Aller Zusammenhang, alles Planmäßige
Verfahren, alle Beharrlichkeit bey den angenommenen
Grundsätzen in der Staats-Verfassung müßte wegfallen.
Bey jeder neuen Legislatur, also alle zwey Jahre, hätten
wir wahrscheinlich in Frankreich eine andere Constitution.

Diese Furcht wird keinem chimärisch scheinen, der
mit der Neigung der Franzosen zu wirken und große Plane auszuführen nur im mindesten bekannt ist. *) Wenn
das erwehnte Dekret wirklich gegeben worden; so war es
das nachtheiligste, das je von Seiten der National-Versammlung erschien.

Der

*) Bergasse sagt in dem angeführten Briefe sehr richtig: On
ne tardera pas surtout a comprendre qu'il importe que le
corps politique acquierre de l'experience, qu'il ait une
marche systematique; des habitudes fixes, une action toujours semblable, et que tout cela ne peut avoir lieu, si,
apres deux ans, il ne reste pas dans son sein un seul des
deputés qui s'y trouvoient auparavant. Er fügt hinzu,
daß, wenn man bey diesem Dekrete bliebe, man auch alle zwey
Jahre das Conseil des Königes erneuren müsse, damit die Erfahrung zwischen der exekutiven und legislativen Macht nicht
zu ungleich würde.

H

Der ehrliche Servan, der in seiner Adresse aux Amis de la paix, so mancher Verfügung der National-Versammlung das Wort redet, weil nun einmal die Sachen den Gang genommen haben, fürchtet, mit vielen anscheinenden Gründen, mehr die Unthätigkeit und Gleichgültigkeit zukünftiger National-Versammlungen, als den Sturm großer Leidenschaften, der sie treiben könnte. *). Tritt der Fall ein, so kann nichts die Nation für das Uebergewicht, das alsdann die executive Macht erhalten muß, bewahren. Die Gründe zu dieser Furcht liegen darin, daß man das Privat-Interesse der Repräsentanten nicht stark genug an das allgemeine Beste knüpfte, zu sehr auf den leicht aufbrausenden aber auch leicht verlöschenden Patriotismus der Nation bauete, ohne reitzende Aussichten für den besonderen Vortheil einzelner

wirk

---

*) Die hieher gehörige lange sehr merkwürdige Stelle, die im Servan S. 40 anfängt, verdient nachgelesen zu werden. Die wichtigsten Worte sind folgende: Le peuple contractera insensiblement la plus profonde indifference pour ses assemblées bieunales, ou il ne verra qu'une distraction incomode, bien plûtot que l'exercice d'une grande puissance. Quant aux citoyens d'une classe plus relevée, aimeront ils a se transporter dans une terre etrangere, pour y traiter le plus souvent des details purement économiques, avec une assidnité fatiguante, et l'espoir tout au plus d'une estime partagée avec plusieurs autres; estime même a peine acquise, qu'elle sera effacée par la foule des nouveaux Representans, qui se plairont a chasser devant eux, comme de la poussiere, la memoire et les services de leurs devanciers?

wirkſamer Menſchen zu eröffnen. Durch die nur zwey=
jährige Dauer der National=Verſammlung iſt der Werth
eines Sitzes in derſelben vermindert, und ſchon von die=
ſer Seite das Privat=Intereſſe vielleicht zu ſehr geſchwächt.
Es iſt noch nichts darüber beſtimmt, wie viele Monate
im Jahre die National=Verſammlung beyſammen blei=
ben ſoll. Eine Prorogation ſcheint nothwendig, damit
die Deputirten ins Land gehen und anſchauende Lokal=
Kenntniſſe von dem Anſchlagen und Fortgange der von
ihnen getroffenen Einrichtungen erlangen können.

Ueber die Anordnung der zukünftigen Wahl der
National=Verſammlung und das Wahlrecht ſind ſehr
viele Dekrete gegeben. Es iſt ſchwer über dieſe neue
Einrichtung ſchon jetzt etwas treffendes zu ſagen. Faſt
in allen Staaten, die wir kennen, hatte bisher das Her=
kommen, mit einigen Modificationen, den Punkt entſchie=
den. Die Erfahrung kann allein in den Stand ſetzen,
das Wahlreglement in Frankreich zu rechtfertigen oder
zu tadeln. Bis jetzt ſcheint es, als wenn man den ge=
ringeren Klaſſen im Volk, die ſo leicht zu gewinnen ſte=
hen, einen zu großen Einfluß auf die Wahlen dadurch
eingeräumt habe, daß die aktive Wahlfähigkeit auf eine
jährliche Contribution von drey Livres höchſtens, vorzüg=
lich beſtimmt iſt. Durch die Verfügung, daß das Volk
nicht ſelbſt ſeine Repräſentanten, ſondern nur Deputirte
zur Wahl ernennt, hat man zwar den nachtheiligen Fol=

gen

gen vorzubeugen gesucht; allein es stehet dahin, ob nicht das zu diesem Endzwecke gute Mittel, das Interesse der Nation an ihre Repräsentanten schwächen werde. Bey einer großen Anzahl wird das Zutrauen zu den Deputirten durch die zwischen ihnen stehende Wahlstuffe vermindert. Daß Adel und Geistlichkeit nur als jede andere citoyens actifs hinführo Theil an den Wahlen nehmen, und keine besondere Deputirte mehr erkiesen werden, ist bekannt.

Mit dem neuen Wahlreglement hängt die Vertheilung des Reichs in 83 Departements und die Errichtung der Municipalitäten genau zusammen. Ueber dieses große fast unabsehbare Werk vermag ich gar nicht zu urtheilen. Die Aufhebung der besondern Einrichtungen und Rechte einzelner Provinzen schien in manchen Stücken nothwendig. Servan *) bringt aber einige Klagen dagegen vor, die schon deswegen Rücksicht verdienen, weil sie von einem Vertheidiger der meisten neuen Anordnungen herrühren.

Was sich leichter übersehen läßt, sind die Fehler, die sich in manchen nicht sehr wesentlich scheinenden, aber doch viel würkenden Einrichtungen, das innere der gegenwärtigen National-Versammlung betreffend, äußern. Hier steht die häufige Abwechselung des Präsidenten, die alle vierzehn Tage geschieht, oben an.

Keine

*) In der angezogenen Schrift S. 48. Note.

Keine große Verſammlung kann beſtehen, wenn ſie
ſich nicht gewiſſe Geſetze zur Aufrechthaltung ihrer innern
Ordnung giebt. Einzelne Glieder vergeſſen theils oft
dieſe Geſetze, theils werden ſie durch Lebhaftigkeit des
Streits davon abgeführt. Es wird ein eigner Mann
dazu erfordert, der nur auf dieſe achtet, dieſe immer gegenwärtig hat, gleich auf ihre Anwendung dringet. Da
wo die Verſammlung repräſentiren muß, fällt die Haupt-
ſorge dem Manne, der an der Spitze ſtehet, zu. Das
Modell der beſten Einrichtung zu dieſem Zwecke war längſt
in England vorhanden. Ueber einen nachtheiligen Einfluß des Sprechers im Engliſchen Unterhauſe, haben ſich
nur höchſt ſelten Klagen erhoben. In Frankreich be-
fürchtete man alle Einwirkung, die aus einer nur etwas
daurenden Amtsverwaltung entſtehen würde. Der Präſident ward daher nur auf vierzehn Tage erwählt. Nicht
zu gedenken, der vielen Zeit, die durch die ſo oft erneu-
erte Wahl verloren geht, der vielen unnützen Reden, mit
welchen ſowohl die Verſammlung als der abgehende und
antretende Präſident gemartert werden, der vielen ärgerlichen Scenen, die Cabalen, bey Gelegenheit der Präſi-
denten-Wahl, namentlich bey der erſten Wahl von T h o u-
r e t, bey der des Biſchofs von L a n g r e s, bey der Prä-
ſidentenſchaft von M o u n i e r und bey der Wahl des
Grafen von B i r i e u, (des Mannes, der Lallys Antrag wegen Neckers Zurückberufung unterſtützte, zu
einer Zeit, wo noch etwas Muth dazu gehörte, ein Pa-

H 3   triot

triot zu seyn) veranlaßten; so hat der öftere Wechsel die
üble Folge, daß kein Präsident lange genug in seinem Amte bleibt, um die für die Ordnung in der Versammlung
so wesentliche Fülle der Autorität zu erlangen, die nur
durch eine anhalternde Ausübung und hieraus entstehen-
de genauere Bekanntschaft mit den Formen des Hauses
erhalten werden kann.   Wie oft ist es nicht vorgekommen, daß man nicht wußte, ob bereits ein Dekret über
eine Sache erlaffen sey? Vor einigen Monaten ward
noch Roberspierre's Vorschlag, vermöge deffen alle
Nullitäts-Klagen vor die National-Versammlung gebracht werden sollten, weil nur die gesetzgebende Macht
beurtheilen könne, ob die Gesetze von den Richtern übertreten wären, als neu und annehmlich angepriesen. Mit
der Armseligkeit der diesem Vorschlage zum Grunde lie-
genden Idee, mag ich mich hier nicht aufhalten.   Nur
desfalls führe ich den Vorgang an, weil es keinem in
der Assemblee beyfiel, daß durch den 19ten Artikel der
Constitution längst entschieden war, daß in keinem
Falle die richterliche Gewalt von der National-Versammlung ausgeübt werden solle.   Ein Präsident, der
vom Anfange der National-Versammlung an bey dieser
Stelle geblieben wäre, hätte in manchen Fällen an die
bereits erlassenen Gesetze erinnern können.   Dem Präsidenten ward mehrmals nicht mit der gehörigen Achtung
begegnet, und die Versammlung ahndete solche Vorfälle
nicht, wie sie es verdienten, selbst wenn von der Minori-

tät

tät des Hauses die Uebertretung der Ordnung herrührte. Das unanständige Betragen von dieser Seite gegen den Präsidenten bey Gelegenheit einer Anrede an den Präsidenten der Vacations-Kammer von Bourdeaux bleibt hievon der auffallendste Beweis.

Der Franzose hat nicht den Sinn und Achtung für hergebrachte Ordnung und Form, der den Engländer auszeichnet. Er konnte ihn auch wohl nicht in dem Maaße haben, denn sein voriges Gouvernement war nicht dazu geschickt, ihm solchen einzuflößen, und seine größere natürliche Lebhaftigkeit mußte auch dagegen wirken. Aber den Gesetzgebern der Nation lag es als eine der ersten Pflichten ob, diesen Sinn, durch alle nur mögliche Mittel zu erwecken, aufs strengste wenigstens mit einem guten Beyspiele vorzugehen, und diejenigen, die die nothwendige Ordnung vor ihren Augen übertreten würden, zu strafen. Zu den Demokratischen Ideen wollte aber dieser höchst nützliche Ernst nicht passen. Man verstattete, auf die unverantwortlichste Weise, den Zuschauern auf der Gallerie in der National-Versammlung, ihre Menschenrechte auf eine Art auszuüben, daß viele Deputirte, aus Furcht vor dem Geschrey dieser, ihre Meynung nicht sagen mogten noch konnten. Der Einfluß der Gallerie auf die Deliberationen war, wie wir aus den unverwerflichsten Zeugnissen wissen, ausserordentlich groß. Die freye Berathschlagung, das wesentlichste einer jeden

H 4   Vers

Verſammlung, ward dadurch vernichtet. Zuſchauer mußte man haben, aber den erſten, der ſeine Exiſtenz laut
werden ließ, hätte man beſtrafen, und im Falle es nicht
auszumachen ſtand, wer der Störer der Ordnung ſey,
alle Zuſchauer ſogleich auf den Tag entfernen ſollen. Dieſes Mittel würde ſchleunig von dem beſten Erfolge geweſen ſeyn. Nicht allein durch den Einfluß der Gallerie
ward ſo oft die Freyheit der Repräſentanten der Nation
gehemmt. Das Volk umgab bey mehreren Gelegenheiten bey tauſenden den Verſammlungsſaal, und mißhan-
delte die Perſonen der in dem Augenblicke nicht populair
denkenden Deputirten. Einzelne Ausbrüche von Volks-
wuth ſind zwar in keiner freyen Verfaſſung zu vermeiden,
allein in England würde das Parlement, umgeben von
ſolchen Tumulten, als die Frage wegen Entſcheidung der
geiſtlichen Güter und des Rechts des Krieges und Friedens in Frankreich erregte, nicht deliberiret, ſondern,
wenn dem Auflaufe nicht zu begegnen war, ſeine Sitzung
aufgeſchoben haben. Wie können weiſe Geſetze gegeben
werden, wenn gezogene Schwerdter die Geſetzgeber er-
ſchrecken?

In manchem kleinen Umſtande der innern Einrichtungen der National-Verſammlung liegt oft der Keim zu
vielen ärgerlichen Auftritten. Die Tribune aux harau-
gues hat deren mehrere veranlaßt. Vielleicht mochte es
darum nothwendig ſeyn, daß jeder, der einen Vortrag zu
thun

thun hatte, den besondern Rednerstuhl bestieg, weil nur
von der Stelle herab alles vernehmlich gehört werden
konnte, aber schon in dieser Tribüne lag eine Veranlas-
sung, vermöge welcher die in der Versammlung gehaltenen Reden vielfältig den Discours prononcés a l'Acade-
mie des sciences oder à l'Acadamie Francoise ähnleten,
den Ton von einer kalten, aber warm seyn sollenden
prunkvollen, mit Sentenzen in runden Perioden ausges
schmückten Beredsamkeit annahmen, einen Ton, zu dem
die Beredsamkeit bey allen Völkern herabsinkt, wo nicht
große Wirkungen durch sie zu erreichen stehen, wo man
sich begnügen muß, mit kritischer Behaglichkeit die Ein-
kleidung des Redners wahrzunehmen, der aus Ohnmacht
nur den Verstand und einige schwächere Empfindungen
des Zuhörers in Bewegung setzt, nie aber seinen Willen
durch Funken des göttlichen Genies mächtig ergreift. Die
so sehr bewunderte Rede, die R a b a u t d e S t. E t i e n-
n e bey Uebernehmung der Präsidentenstelle hielt, gehört
zu diesen kalten unbedeutenden schönen Sachen, so wie
sehr viele andere.

In manchen Publikationen, die an die Nation gerichtet waren, vorzüglich in der bekannten Adresse aux
Francois, die der Bischof von A u t u n aufsetzte, findet
man häufige Spuren des Tons. Sie haben noch bey-
her oft den Fehler, daß sie nicht mit der einfachen Würde, in der starken Ehrfurcht erweckenden Sprache, ge-

schrie-

ſchrieben ſind, in der eine National-Verſammlung an
das Volk ſprechen muß. In einigen Adreſſen an den
König, z. B. in der von Mirabeau verfertigten, die
Zurückziehung der Truppen aus der Nähe der Verſammlung betreffend, herrſcht hingegen, ſo wie in vielen Reden und Briefen des Königs, wahre große Beredſamkeit.

Durch die nicht ſparſam genug gebrauchten Einla-
ladungen der Verſammlung, einer Sitzung beyzuwohnen,
die oft bey Gelegenheit von ertheilten kleinen Geſchenken,
die man nie hätte annehmen ſollen, weil ſie dem öffentlichen Schatze ſo gar nichts von Belang eintrugen, und
ſchönen Anreden und Dankſagungen geſchahen, wie z.
E. an die Nonne, die der Verſammlung wegen Aufhebung der Ordensgelübde dankte, an die Mademoiſ. Thier-
ry, Kammerjungfer der Marquiſe von Maſſol, die
das patriotiſche Geſchenk ihrer Dame mit ihrem Scherf-
lein vermehrte, iſt man gar zu ſehr ins ſpielende und
theatermäßige verfallen. Die faſt täglich vorkommende
Erſcheinungen von Deputationen von allen Gattungen
von Menſchen, die Briefe ohne Zahl, die beſtändig ein-
laufen und beantwortet werden, die oft von der Wichtigkeit desjenigen ſind, worin die jungen Mädchen von
Verſailles der Verſammlung kund thaten, daß ſie den
Bürger-Eid abgelegt hätten, und dafür den Dank des
Präſidenten im Namen der geſetzgebenden Macht erhielten, die Körreſpondenz mit der Revolution Society in

Lon-

London, die Annahme der Schriften dieser Gesellschaft, und endlich gar der Brief vom berüchtigten Lord George Gordon, der zwar nicht im Namen der Versammlung, aber doch von ihrem damaligen Secretair, dem Abbe Gregoire, beantwortet wurde, nebst dem nach einer reifen Berathschlagung abgelassenen Dekrete, daß die Versammlung kein ihr zugeeignetes Buch annehmen wolle, sind einige Proben von vielen, daß die National-Versammlung sich oft zu sehr mit geringfügigen Kleinigkeiten beschäfftigte, und nicht mit der Würde handelte, die die Gesetzgebende Macht einer so großen Nation behaupten muß.

Freylich wenn Reden in einem schlechten Geschmacke sehr wirksam sind, wenn das Volk durch Tändeleyen, durch Comödien mancher Art, ein wärmeres Interesse an die Verfassung bekömmt, warum sollte man nicht sich solcher Mittel bedienen? Das bedenkliche dabey bleibt nur dieses: durch zu häufige Wiederholungen verfehlt die Sache den abgezielten Effect. Die Wirkung der Rosen-Feste vergeht so schnell, wie die Jahres-Zeit der Rosen. Wenn die Kammerjungfern, ohne für den ganzen Staat wichtige Veranlassungen, eingeladen werden, den Sitzungen der National-Versammlung beyzuwohnen, denn verliert die Ehrenbezeugung an ihrem Werthe. Die Versammlung wird schwerlich dadurch den Charakter der Kammerjungfern und die öffentliche Achtung für diesen

sen erhöhen; Wahrscheinlicher bleibt es, daß sie den ih-
rigen, durch Bezeugungen einer zu weit getriebenen Phi-
lantropie in der öffentlichen Meinung heruntersetzen dürfte.

Die von der National = Versammlung in den be-
rühmten Sitzungen vom 4ten bis 10ten August 1789,
erlaßne Dekrete, betreffen zwar nicht die Festsetzung der
Staats = Verfassung unmittelbar, sie haben aber so einen
großen Einfluß auf den Zustand der angesehensten Staats-
Bürger gehabt, daß ich billig ihrer kürzlich erwähnen
muß. Eingriffe in die Rechte der Güter = Besitzer waren
diese Dekrete offenbar, die im Taumel des Enthusiasmus votirt, *) sogar Anfangs von Mirabeau selbst
nicht gebilliget wurden, die man noch bey der Auffetzung
der Artikel am 11ten August erweiterte, hernach aber in
einigen Stücken wieder einschränkte, und gegen die von
Seiten des Königs, so wie gegen die Declaration des
droits de l'homme manche gründliche, aber gar nicht
beachtete Einwendungen, im allgemeinen vorgebracht
wurden.

Ihre Vertheidiger suchen sich zwar dadurch zu helfen, daß sie nur die Abschaffung von Servituten beträ-
fen, allein die abgeschafften Servituten waren, wie das
Eigenthum, entweder auf das geschriebene Recht oder
das

*) Lally bat in der Nacht den Präsidenten schriftlich: er möchte
doch die Sitzung aufheben, weil keiner mehr Herr über sich
wäre.

das Herkommen gegründet, die Gültigkeit ihres Besitzes
war seit undenklichen Zeiten allgemein anerkannt. Sie
waren von einer Generation auf die andere, durch Contrakte mancherley Art, aus einer Hand in die andere gekommen. Man hatte sie wie jedes Stück des Eigenthums
veräußert. Auf die Servituten war Geld geliehen,
Pfänder angenommen. Vergebens will man ihre Abschaffung dadurch vertheidigen, daß sie durch Gewalt und
Unterdrückung erworben wären. Wenn man den Grund
verfolgen will, ohne daß in der genauesten Form Rechtens die Gewaltsamkeit der Besitzergreifung in jedem einzelnen Falle bewiesen wird; so hat die Sicherheit alles
Eigenthums in allen Staaten ein Ende. Zudem, wenn
der Besitz vieler auch wirklich nur auf die Macht des
Stärkeren ursprünglich gegründet war; so sind eben so
gewiß manche Arten der abgeschafften Rechte und Ver-
pflichtungen, an manchen Orten, durch gütliche Ueber-
einkunft und Contrakte entstanden. Die Untersuchung
des Titels des Besitz-Standes ist in jedem einzelnen
Falle schlechterdings unmöglich, und jeder einzelne müßte
doch untersucht werden, wenn hiebey nach dem förmlichen
Rechte verfahren werden sollte. Der einzige Grund, aus
dem die Ueberschreitung des förmlichen Rechts vertheidigt
werden kann, liegt in der Befugniß des Staats, gewisse
dem allgemeinen Besten zu nachtheilige Einrichtungen,
selbst, wenn sich solche auf Contrakte gründen, sogar ohne Schadensersetzung, wenn die Umstände solche durchaus

aus nicht verstatten, aufzuheben... Diese Befugniß muß man selbst in dieser so schwankenden Unbestimmtheit ans nehmen, wenn man nicht bey einzelnen Vorfällen die bürgerliche Gesellschaft der Gefahr einer gänzlichen Zerstörung Preis geben will. Mag man noch so sehr das bedenkliche des Satzes vom allgemeinen Besten fühlen; es giebt Fälle, wo man nur nach diesen handeln kann, wo nur der Knoten nach dieser Richtschnur zu lösen stehet. Das allgemeine Beste und die Nothwendigkeit, dieses nur mit Hintansetzung von Verträgen, vom förmlichen Rechte erlangen zu können, muß aber sehr klar, sehr einleuchtend seyn. In Frankreich war der Bauernstand aufs äußerste gedrückt. Das allgemeine Beste erforderte schlechterdings dessen Erleichterung. Noch mehr, bey der Gährung, die in allen Provinzen nach dem 14ten Julius aufbrausete, war der schrecklichste Bauernkrieg mit Grunde zu besorgen. Es mußte etwas zur Besänftigung der zahlreichsten Volksklasse geschehen, und dieses etwas mußte gleich, ohne Aufschub, geschehen.

In einigen großen Punkten hätte man dem Volke nachgeben, z. B. von den Auflagen die so sehr verhaßte Salzsteuer, die man späterhin doch aufrief, von den Gutsherrlichen Gerechtsamen die so drückende Jagdgerechtigkeit rc. abschaffen sollen. Mit den sogenannten Droits feodaux, mit den Bannalités, war es eine andere Sache. Die Aufhebung eines jeden einzelnen Stücks von diesen, setzte

setzte mühsame Untersuchungen voraus, die alle nicht ge=
macht waren, wie man über sie entschied, die hernach
selbst einige Einschränkungen veranlaßten, und wahrschein=
lich noch mehrere nach sich gezogen haben würden, wenn
man sich nicht durch die bereits erlassene Dekrete zu sehr
gebunden gefühlt hätte.   Durch die Aufhebungen der
Rechte der angezogenen Arten, litten zu viele Eigenthü=
mer auf eine unverhältnißmäßige Weise.   Man gieng in
Frankreich durch die Dekrete vom 4ten bis zum 10ten
August weiter, als es die Nothwendigkeit des allgemei=
nen Bestens durchaus erforderte.   Die Unbestimmtheit
über mancherley Arten von Aufhebungen, die in der Ab=
fassung mehrerer Dekrete herrschte, brachte die fürchter=
lichsten Excesse der Bauern gegen ihre Gutsherrn mit her=
vor.   Der Brand so vieler Schlösser erleuchtete manche
Provinzen des Nachts.   Wenn hie und da auch einzelne
Vorfälle der Art übertrieben, ja sogar erdichtet worden,
wenn gleich ein Edelmann in Bretagne, Coettosquet,
das von ihm ausgestreuete Vorgeben der Verbrennung
seines Schlosses, im Journal de Paris widerrufen muß,
so bleiben die bey dieser Gelegenheit ausgeübte Gewalt=
thätigkeiten, von welchen ein sehr mangelhaftes Verzeich=
niß im Lally steht, doch zahllos.

Daß die National=Versammlung selbst zu Zeiten
nicht wußte, wie sehr ansehnliche Klassen durch die Auf=
hebung einzelner Rechte litten, sieht man aus mehreren

ih=

ihr von Seiten des Königs mitgetheilten Nachrichten, unter andern über die Abschaffung der Droits de hallage
et de minage, welche, wie das Gouvernement sich aus-
drückt, den gänzlichen Ruin einer großen Klasse von Bürgern nach sich gezogen hätte.

Der Abscheu der National-Versammlung gegen
das Wort Staats-Bankerott, läßt sich würklich nicht
ganz gut erklären. Im Anfange der Sitzung schien zwar
die Existenz der Versammlung mit der Sicherheit der
Staatsgläubiger verwebt; allein es dauerte nicht lange,
bis die National-Assemblee unabhängig davon wurde,
auch lag die Vorzugsweise gegen die Güterbesitzer, den
Capitalisten bewiesene Schonung nicht in der besseren Be-
gründung des Eigenthums vieler von diesen gegen manche von jenen. *) Das einzige Princip, aus dem sich
das Verfahren gegen die Güterbesitzer rechtfertigen ließ,
konnte auch zur Noth zum Vortheile eines halben ja ganzen Bankerotts gebraucht werden. Der Unterschied lag
darin,

*) Der verhaßte Namen von Ueberbleibseln des Lehnrechts mag
den Güterbesitzern sehr nachtheilig gewesen seyn. Hier könnte
man zum Theil sehr gut das antworten, was Garat bey einer andern Gelegenheit im Journal de Paris 1790. p. 498
sagt: De tres bonnes institutions ont pris leur origine chez
des peuples barbares et pour apprecier les institutions, ce
n'est pas leur origine qu'il faut examiner, mais leur natu-
re. Das letztere ward in der National-Versammlung oft
vergessen.

darin, daß das letztere Mittel für den Staatskörper selbst nachtheiliger als das erste seyn mogte, und doch würde man am Ende zu diesem noch seine Zuflucht haben nehmen müssen, wenn nicht die Güter der Geistlichkeit, oder vielmehr die von den Municipalitäten geschehene Versicherung des Verkaufs eines beträchtlichen Theils dieser Güter ausgeholfen hätte.

In dieser Rücksicht werden schon die Beschlüsse der National-Versammlung, daß die Güter der Geistlichkeit der Nation gehörten, gerechtfertiget. Wie zwar der erste Beschluß darüber genommen wurde, wußte man noch weniger wie jetzt, ob ein beträchtlicher Gewinn für die Zukunft daraus erwachsen würde, wenn man die Güter einzöge, und dafür die Besorgung des Gehalts der Geistlichkeit, zumal mit der für die Pfarrer beschlossenen Zulage, übernehme. Man hatte keinen nur einigermaaßen genauen Etat, weder von der sicheren Einnahme, noch von der erforderlichen Ausgabe. Ohne die Dazwischenkunft der Municipalitäten hätte auch die Einziehung der geistlichen Güter für den Augenblick wenig oder nichts gefruchtet. In der damaligen Lage der Dinge mußte man sich mit Sieyés *) über die ausserordentliche Uebereilung verwundern, mit der eine mit der Würde des Gesetzgebers bekleidete Versammlung die wichtigsten Fragen

und

*) Observations sur les biens Ecclesiastiques.

J

und Sachen entschied. Nach den Ekonomistischen Grundsätzen, wie wir vorzüglich aus Condorcet's schwer ge-
schriebenen Lebensbeschreibung von Turgot wissen, war
es ausgemacht, daß die Bestimmung über alle und jede
milde Stiftungen dem Staate zukomme. Hierin, so wie
in vielen anderen Fällen, glichen sich also die Jdeen Jo-
sephs des zweyten und die der benannten Partey, die
überhaupt in vieler ihrer Meynungen sich gut mit dem
Despotismus vereitigen läßt. Nach dem strengen Rechte müßten zwar wohl die Güter der aufgehöbenen Stiftungen an die Erben der Stifter zurückfallen, aber da
diese oft nicht aufzufinden sind, so begnügt man sich billig damit, sie der Anwendung des Staats zu überlassen.
Fast unbegreiflich ist es doch, daß in Frankreich die sonst
auf die Gemüther so wirksame Geistlichkeit nicht mehrere
und beträchtlichere Unruhen, wegen der Aufhebung der
Klöster und Einziehung der Stifter und geistlichen Güter
erregen konnte. Am Willen dazu scheint es vielen aus
der Geistlichkeit zwar nicht gefehlt zu haben, allein, glück-
licher Weise, waren die Bemühungen dieser bis jetzt fruchtlos. Es scheint, als wenn die Jdeen von Freyheit den
Menschen in Frankreich das geworden sind, was ihnen
Religion sonst seyn mogte.

Die Aufhebung der Zehnten der Geistlichkeit, ohne
desfalls sogleich eine andere Abgabe einzuführen, bleibt
ein Schritt der National-Versammlung, der nicht ent-
schuldiget werden kann.

Den

Den 4ten August wurde nur die Einlösung der Zehnten beschlossen. Den 10ten erweiterte man das Dekret, und gab ohne Vergütung siebenzig Millionen Livres Einkünfte weg. Ein Mitglied der Versammlung dankte ihr sogleich für das jährliche Geschenk von dreyßig tausend Livres, das es dadurch erhielt. Warum mußten die Besitzer zehntpflichtiger Ländereyen, von denen viele die Grundstücke zu Preisen nach Abzug des Werthes des Zehntens an sich gebracht hatten, so begünstiget werden?

Es war ein unverhältnißmäßiges Geschenk, da der Zehnten nicht überall in Frankreich eingeführt ist, noch dazu zu einer Zeit gemacht, wo der elende Zustand der Finanzen solche Geschenke durchaus verbieten mußte. Hernachmals ist zwar von der Einführung einer Abgabe zur Unterhaltung der Geistlichkeit, an die Stelle des Zehntens, die Rede gewesen, allein wenn diese Abgabe auch nur die bisher Zehntpflichtigen treffen soll, wie sie denn ohne die größte Ungerechtigkeit nicht auf andere Menschen extendirt werden kann, so bleibt es doch unweislich, eine Auflage, deren Surrogat man gar nicht entbehren kann, abzuschaffen, ohne zugleich dieses Surrogat einzuführen. Das Volk murret dann heftiger, wenn endlich die neue Auflage erscheint, als es bey der gleich eintretenden Verwechselung zweyer Abgaben gethan haben würde. Die National-Versammlung ist nur zu oft voreilig im aufheben und zerstören gewesen. Sie hat abgeschafft und die Einführ-

J 2   rung

rung des Neuen an die Stelle des vorigen hinausgesetzt,
da beydes mit einander hätte gehen müssen, denn aus der
häufig genug vorkommenden Clausel: Sauf a aviser aux
moyens de subvenir etc. stehet die Weisheit der Gesetzgeber nicht zu beurtheilen.

Die den jetzigen Besitzern geistlicher Pfründen zuge-
fügte große Verkürzung an ihrer Einnahme, wobey zugleich die Gläubiger dieser mit leiden müssen, vermag nur
durch das Gesetz der Nothwendigkeit, das aber hier schwerlich zu beweisen stehet, gerechtfertiget werden. Immerhin mögen anstatt ein hundert und dreyzehn Bischöfen,
hinführo nur drey und achtzig in Frankreich seyn. Ich
glaube selbst, daß man sich hinlänglich damit begnügen
kann, allein, wenn der Staat nur irgend zu zahlen im
Stande ist, so sollten die gegenwärtigen Besitzer der bey-
zubehaltenden oder aufzuhebenden Bisthümer, so wie andere Beneficiaten, nichts von der Einnahme, auf die einmal ihr ganzer Haushalt, ihre ganze Lebensweise, einge-
richtet war, verlieren. Dasselbige gilt auch von andern
Bedienten, denen ihre Stellen auf Lebenszeit versichert
waren. Muß man ja durchaus die Einnahme verkürzen,
so sollte man hiebey nicht nach dem bis in die äußerste
Strenge getriebenen Grundsatze, wie viel diese Bediente
missen können? sondern nach demjenigen, wie viel man
unumgänglich abseiten des Staats ersparen muß! verfahren. Mir scheint man sowohl den Bischöfen den Ge-

halt,

halt, als den Ordensgeistlichen die Pensionen kärglich ausgetheilt zu haben.

Wahrlich! in manchen sehr wesentlichen Punkten ist die neue in Frankreich errichtete Verfassung nicht der Beschaffenheit dieses großen Reichs angemessen. Es ist so vieles in ihr, was nur auf einen sehr kleinen demokratischen Staat paßt, sich nur für diesen schickt. Die Frage: Ob die alte Verfassung besser wie die neue war? kann desfalls doch schwerlich im Ernste aufgeworfen werden. Ein Freund der Wahrheit wird sie wenigstens gleich beantworten, gleich zugeben, daß die gegenwärtige, mit ihren noch so großen Unvollkommenheiten, die vorige unendlich übertrifft, ja noch mehr, daß würklich vieles, was geschehen, an sich ohne Vergleichung gut sey; allein hiedurch wird die neue Verfassung nicht hinlänglich gerechtfertigt. Wenn in ihr Verfügungen getroffen werden, die mit dem Wesen eines großen Staates streiten, wenn die Einrichtung, die man der Maschine ertheilt hat, nach allen bisherigen Erfahrungen, mit dem Endzwecke, den man sich vernünftiger Weise vorsetzen mußte, unvereinbar ist, wenn man sieht, daß die herrschenden Grundsätze auf eine idealische Vollkommenheit, sowohl von Staatsverfassungen als Menschen gebauet sind, welchen letzteren man durch Rousseau's und Helvetius Meynungen, daß alle Menschen gleich vernünftig, mit gleichen Anlagen geboren werden, und Erziehung, ein Stück der Staatsverfassung, allein alles

J 3   aus-

ausmache, verleitet, eine Perfectibilität zutrauet, *) die
mit den nothwendigen Einwirkungen menschlicher Leidenschaften nicht zu reimen stehet; so kann man nicht um-
hin, die neue Französische Constitution von manchen Seiten nur als ein metaphysisches Experiment zu betrachten,
das sich zwar in der Speculation schön genug ausnimmt,
dem man aber schwerlich zutrauen kann, daß der Versuch,
so wie er geschehen, in der Würklichkeit Bestand haben
werde. Da es mit der Verfassung nun einmal so weit
gekommen, die Sachen in den gegenwärtigen Gang so tief
eingeleitet sind; so muß freylich ein Menschenfreund die
Fortdauer einer Verfassung, deren Errichtungsmittel er
so oft mißbilligte, wünschen, muß, selbst bey der grösten
Unwahrscheinlichkeit, hoffen, daß es noch besser damit
gehen könne, als er es glauben dürfte. Die Ideen derjenigen, die da wähnen, daß alle etwanige nachtheilige
Einrichtungen mit der Zeit allmählich ohne große Zerrüttungen abgeschafft werden könnten, die hierinn gewissermaaßen eine Rechtfertigung des gewagten Experiments
suchen, werden ihn jedoch schwerlich überzeugen, da die
Geschichte zeigt, wie höchst selten den Fehlern in der Constitution

---

*) Si on pretend, sagt Garat, im Iournal de Paris 1790.
p. 382. ein gelehrter Lehrer der neumodigen Menschen-Kun-
de, qu'il n'y a aucun moyen possible de donner une *mesure
commune et fixe de certitude morale à tous les esprits, à
tous les ages, à toutes les nations, peutétre est ce trop de-
sesperer de ce que pourra l'esprit humain, lorsqu'il sera
mieux dirigé.*

ſtitution eines Staats, ohne die gewaltſamſten Bewegungen, abgeholfen worden, allein für eine ſogenannte Con-
tre-Revolution wird er auf das äußerſte zittern, da ſich,
troß der gerühmten Aufflärung der Franzoſen, gar nicht
abſehen läßt, wie vieles von dem geſchehenen Guten
durch dieſe wieder vernichtet werden könnte. Das einzige, was ihn dagegen einigermaaßen zu beruhigen vermag, iſt die immer größer werdende Unwahrſcheinlichkeit,
daß ſolche ſehr bald Statt haben dürfte.

Zwey Männer ſcheinen, außer dem Enthuſiasmus
des Augenblicks, Frankreich dafür zu ſchützen, an zwey
Männern ſcheint das Wohl des Staates zu hängen, am
Könige und an La Fayette.

Man mag noch ſo abgeneigt ſeyn, mit Wärme von
den lebenden Großen der Erde zu reden, weil Schmeiche-
ley ihnen ſo oft unverdientes Lob zollet, allein auch gegen ſie iſt Gerechtigkeit Pflicht. Die Geſchichte hat faſt
kein einziges Beyſpiel aufzuweiſen, daß ein Monarch, in
Ludwigs des ſechzehnten Lage, mit der Ehrlichkeit, mit
der Feſtigkeit, ja, darf ich es ſagen? mit der Klugheit
handelte. Ludwig iſt kein viel umfaſſender Kopf. Mag
er immerhin, von dieſer Seite, ſelbſt hinter den gewöhnlichen Menſchen zurückſtehen. Das Gute hat er aber ſtets
gewollt. Die Wahl ſeiner Miniſter vom Anfange ſeiner
Regierung beſtätiget dieſes. Turgot, Necker, Malesherbes, de Muy, St. Germain, Vergen-
nes, mögen hier für ihn zeugen. Wenn auch die drey

J 4　　　　letz-

letzteren würflich mittelmäßige Menschen waren, so hatte
der allgemeine Ruf, nicht Hofintrigue und Gleichgültig,
keit gegen das Wohl seines Landes, den Monarchen ge,
blendet. Seine Anhänglichkeit an Maurepas kam,
wie man sagt, aus der edelsten Quelle. Sein Vater hats
te ihm denselben vor seinem Tode empfohlen. Ludwig
ward oft betrogen, irre geleitet. Nie aber hat man ihm
Betrug, ein Kunststück, wodurch manche Könige sich groß
und weise dünken, vorgeworfen. Als Ehemann, Vater,
Bruder ist er untadelhaft. Den Deprädationen in den
Finanzen, der schlechten Wirthschaft bey Hofe, steuerte
er, so viel er konnte. Es kann seyn, daß er nicht frey
von einigen in die Augen fallenden Schwächen ist. O!
ihr, die ihr deßfalls über ihn spöttelt, seyd ihr untadel,
haft? und wenn ihr es seyd, habet ihr Ludwigs grader,
schlichten, die Ordnung liebenden Sinn? Wo war ein
Fürst, der mit Ludwigs Festigkeit vom uneingeschränkte,
sten Könige zum eingeschränktesten sich herabsinken ließ?
Hat er, nach dem unweisen Schritte von Neckers Ver,
bannung je wieder seinen Einfluß, sey es durch Macht
oder Intriguen, zu erhalten versucht? Den Auftritt am
1ten Oktober, mit der Mahlzeit der Leibgarde, wird
schwerlich die Nachwelt anders, als eine höchstunvorsich,
tige und dadurch allein sehr tadelnswerthe Scene betrach,
ten. Hätte der König selbst Plane zum Umsturze der
neuen Verfassung begünstigt, wie viel mehrere und be,
deutendere würden nicht deren erschienen seyn.

Ludwig

Ludwig hat fest, als ein ehrlicher Mann, gehandelt. Die größte Ehrlichkeit war auch hier, wie in den meisten Fällen, die größte Klugheit. Wie wenig hätte er nach aller Wahrscheinlichkeit ausgerichtet? Welches Elend seinem Reiche, seiner Familie, sich, bereitet! Wie sehr verliert nicht Carl der 1te von England, wenn man ihn neben Ludwig den 16ten stellet! Ohne die Nachgiebigkeit und den guten Willen des Königs müßte Frankreich noch izt in unabsehbares Elend versinken. Aber dieser König allein würde eine Nation, in der alle Verkettungen aufgehoben sind, und die neuen noch nicht eingegriffen haben, unmöglich zu lenken vermögen, wenn ihm nicht La Fayettens Entschlossenheit und Gegenwart des Geistes zur Seite stünde. La Fayette wirket zwar nur allein in Paris unmittelbar. Doch von welcher Bedeutung ist nicht seine dortige Wirksamkeit fürs ganze Königreich?

Die Pariser National-Garde war das Modell aller National-Garden im Lande. Wenn nicht durch Fayettens Character in Paris namenloses Uebel verhütet wäre, was hatte man nicht alles in den Provinzen zu fürchten? Es sind schreckliche Verwüstungen angerichtet, aber wie ungleich schrecklichere standen nicht in jedem Augenblicke zu erwarten? Alles hieng von einem Manne ab. Ohne ihn, wie wenig würden die schwachen Dekrete der National-Versammlung, selbst vor ihren Thüren, für Ruhe und Ordnung gewürkt haben. Er konnte nicht alle

J 5

Sch

Störung dieser verhindern, aber wie vielen hat er nicht
vorgebeugt? Die Lästerung hat auch seiner nicht ver-
schont. In das einzelne seiner Rechtfertigung zu gehen,
wird unmöglich, da wir so wenige gute Nachrichten haben. La Fayettens Ideen über Staats-Verfassung,
waren, nach dem wenigen, was wir wissen, viel demokratischer als es, meiner Einsicht nach, für Frankreich
paßte. Als Staatsmann scheint er sich ganz nach den
Ideen der Philadelphianer gebildet zu haben. In dieser
Rücksicht verdient la Fayette keine Achtung, weil er
sich so oft durch lächerliche übertriebene Meinungen leiten
läßt; aber alle Beschuldigungen, die seinen Charakter
angreifen, wurden bis itzt durch neuere That-Sachen
widerlegt. Ein Gott mag la Fayette immerhin nicht
seyn, allein für einen großen Mann muß man ihn, nach
den vorliegenden Nachrichten, von Seiten der Entschlossenheit halten, wenn er auch gleich nicht allemahl seine
Menschen kannte, und in der Nacht vom 5ten auf den
6ten Oktober, weil er die Gefahr des fürchterlichen Auf-
tritts, der hernach erfolgte, nicht ahndete, schlafen
gieng. Noch scheint an la Fayette die ganze Sicherheit der Hauptstadt zu hängen. Die Organisation der
National-Garden, die Bestimmung ihrer Anzahl und
ihr Verhältniß zur executiven Macht und dem stehenden
Militair, bleibt einer der wichtigsten und schwersten Punkte, deren Entscheidung man noch begierigst erwartet.

Der

Der König und La Fayette sind die beyden einzigen Männer, die zur Aufrechthaltung einer noch sehr schwankenden Verfassung wesentlich scheinen. Wenn Necker auch immer die weisesten Plane darlegte, seine Wirksamkeit ist nun einmal durch die National-Versammlung gelähmt. Unter den übrigen Ministern mögen vielleicht Männer von Talenten für einige Theile der Administration seyn, allein wie wenig können sie ausrichten, und den großen Staats-Mann dürfte man unter ihnen wohl vergebens suchen. Eine noch traurigere Nachricht scheint diese, in der National-Versammlung selbst blickt man umsonst nach diesem umher.

Mounier und Lally waren würdig, Grund-Pfeiler des Staats zu werden. So viel Einsicht und so viel Charakter, wie beyde zeigten, werden sich nicht so leicht wieder vereinigen. Mouniers Unerschrockenheit, Festigkeit und Klarheit des Geistes, in der fürchterlichen Sitzung vom 5ten Oktober, verdient die größte Bewunderung, auf die gleichfalls Lallys edle Seele, begleitet von der in seiner Lage so seltenen Mäßigung und Beharrlichkeit bey geprüften Grundsätzen, die er unter allen Veränderungen der Umstände nie verließ, den gerechtesten Anspruch macht. Ich wüßte keinen Schritt in ihrem öffentlichen Leben, der nicht zu billigen wäre. Nur wegen des letzten, was sie thaten, kann ich ihnen nicht beystimmen. Mounier und Lally durften sich nicht auf immer aus der National-Versammlung entfernen,

die

die so entscheidend für das Wohl oder Weh des Vater=
landes werden mußte. Den Tod scheueten sie nicht,
und solchen Männern ist es nicht erlaubt, ihn in der
Ausübung ihrer Pflichten zu scheuen. Ihre Gesundheit
war hin, war zerrüttet; desfalls konnten sie sich auf ei=
ne Zeitlang entfernen; denn was nützten sie bey dem ab=
gestumpften Zustande ihrer Seelen? Stillschweigend
vermogten sie nicht zu wirken, und zum thätig seyn ge=
brach es ihnen an körperlicher Kraft. Allein nie recht=
fertigte sie dieses, der Versammlung auf immer zu ent=
sagen. Nach einiger Erholung hätten sie wieder in ihr
erscheinen müssen. War gleich die Hoffnung sehr schwach,
daß sie etwas ausrichten würden, besser wäre es gewe=
sen, sie hätten dem günstigen Zufalle vertrauet, der im=
mer ihre Einwirkung bald wieder sehr wichtig machen
konnte. So dürfen wir itzt nach ihrer eignen Erzählung
urtheilen; ob wir in dem Gedränge der Umstände, der
Leidenschaften besser gehandelt hätten, ist nicht so leicht
zu entscheiden. Wo Mounier und Lally fehlten,
mochte es äußerst schwer seyn, reifern Einsichten zu folgen.
Ihr Vaterland hat diese Männer verkannt; das unpar=
teiische scharfsichtige Auge der Zukunft wird sie nach!Würden
erheben; und sollte ihnen auch diese Belohnung entge=
hen, da in dem Gewühle großer Begebenheiten die Nach=
welt selten bey den Urhebern vortrefflicher aber mißrathe=
ner Plane verweilt, so kann ihnen doch nichts die größte
aller Belohnungen entreissen, die Männer wie Mouni=

er

er und Lally aus ihrem eigenen Herzen schöpfen
dürfen.

Wer ist aber gegenwärtig in der Versammlung,
auf den man Vorzugsweise für die Aufrechthaltung der
Verfassung, Zutrauen setzen könnte? In jedem Senate
pflegen sich sonst Männer auszuzeichnen, die durch Kopf,
und noch mehr durch Charakter besonders hervorstechen,
auf die jeder Staats-Bürger hinweiset, wenn man ihn
nach den Menschen von größter Bedeutung im Vaterlande frägt, die der vorzüglichsten Achtung, selbst von Männern von ganz entgegen gesetzten Grundsätzen genießen,
wie Fox von der Ministerial-Partey in England. Vergebens sucht man diese in der National-Versammlung.

Es sind viele Leute darin, die über einzelne Theile
der Constitution und Administration viel Kluges gesagt
haben, aber die Energie der Seele, die Kraft, alles
im Zusammenhange zu fassen, mit der größten Leichtigkeit das anwendbare von geäußerten Grundsätzen zeigen
zu können, Personen, die ein Zutrauen erwecken, das
aus einer vorhergegangenen Prüfung des Werthes des
Mannes entstand, solche Menschen, die den Central-
Punkt einer jeden freyen Verfassung bisher ausgemacht
haben, suchet man umsonst. Die Talente, die sich in
der National-Versammlung zeigten, waren von der
Art, wie sie auch in jedem monarchischen Staate sich finden können. Freylich unter der vorigen Verfassung bil-
deten sich diese Männer, blüheten auf unter ihr; Allein
jede

jede große Revolution erhebt so oft den Menschen über
sich selbst; läßt schleunig Eigenschaften entstehen, die man
nicht ahndete. Auch im Volke ist das in Frankreich ge=
wissermaaßen wahr geworden, aber einzelne große Men=
schen, die fähig wären, eine National = Versammlung
zu leiten, findet man nicht. Wie sehr ist nicht schon
Mirabeau gefallen! Der allgemeine Sinn im Volke
schützt nicht die Verfassung hinlänglich. Der Enthusias=
mus verfliegt bey ruhigen Zeiten. Itzt ist die Nation
in einem gewaltsamen Zustande, der unmöglich noch lan=
ge anhalten kann. Sie wird wieder schlummern wollen
und müssen, und dann bedarf sie der Wächter, die da
verhindern, daß dieser Schlummer nicht Todes = Schlaf
für sie werde, die die in jedem Frey = Staate nothwen=
dige Gährung zu Zeiten erwecken können *). Vielleicht,
daß solche Menschen mit der Zeit in der National = Ver=
sammlung entstehen, obgleich die kurze Dauer dieser das
nicht sehr wahrscheinlich macht. Sonderbar bleibt es
immer, daß doch nicht ein Einziger der Art bis itzt vor=
handen zu seyn scheint. An heftigen Deklamationen fehlt
es zwar nicht, aber die meisten sind von der Art, daß
sie ihren Urhebern keinen bleibenden Ruhm noch Aufse=
hen verschaffen können. Den herrschenden Ideen nach
soll auch das nicht seyn. Gegen das Uebergewicht grö=
ßer

*) Bergasse sagt sehr richtig: Ce sont toujours des indivi-
dus qui elevent la voix contre les abus, et qui, s'ils sont
doués de quelque courage et de quelque genie, forment
une puissante opinion pour les détruire.

fer Menſchen hat man ſich ſo gut wie gegen das Ueber=
gewicht des Adels zu bewahren geſucht. Die Vernunft
ſoll allein regieren, und dieſe iſt allen und jeden, die ſich
von der Wahrheit des Ekonomiſtiſchen Syſtems durch=
drungen fühlen, in gleichem Grade ausgetheilt.

Zu einer Zeit, wo Ariſtokraten und Demokraten
ſich noch einigermaaßen das Gleichgewicht hielten, ließ
alles eine Vereinigung der gemäßigt denkenden wünſchen.
Erſt mußte aus den zerſtreuten Mitgliedern der Art eine
Partey erwachſen, wenn man etwas ausrichten wollte,
da einzelne, noch ſo einſichtsvolle Menſchen, ohne eine
engere Verbindung allein, ein jeder für ſich zu ſchwach
waren, beyden Faktionen zu widerſtreben. Es ward
in dieſer Rückſicht viel von einem Club des Impartiaux
geſprochen, an deſſen Spitze der Herzog de la Roche=
foucault ſich befinden ſollte. Hätte dem Uebel, was
Frankreich von dem Siege der einen oder der andern
Partey bevorſtand, geſteuert werden können; ſo war es
nur durch eine dritte Partey der Gattung, die zwiſchen
den erſt benannten mitten inne ſtand. Rochefoucault
ſchien durch das Anſehen, was Geburt und Rechtſchaf=
fenheit giebt, zum Anführer einer ſolchen Partey nicht
ſchlecht auserſehen; aber der Nahme einer Partey war
dem ehrlichen Manne, der in den Grundſätzen der Evi=
denz der Vernunft groß geworden war, zu fürchterlich.
Er erſchrack vor dem Guten, das unter ſeiner Leitung
vielleicht hätte geſtiftet werden können, und hatte nichts

eiligeres zu thun, als den Gerüchten von einer Partey,
deren Chef er seyn sollte, öffentlich zu widersprechen. *)
Würklich hat sich auch nie, weder Zusammenhang noch
Union, unter den billig denkenden Köpfen der Versammlung gezeigt. Aristokraten und Demokraten fochten gleichfalls nicht unter der Fahne eines geprüften Generals,
sondern auf Husarenart; völlig wie leichte Truppen hie-
ben sie blind und wild ein. Die Redner, die am häufigsten auftreten, können keinen großen Anspruch auf unsere
Achtung machen. Man hört viele schöne Phrasen, mit-
unter gute Gedanken, aber keine zusammenhängende
Ideen über Staatsverfassungen, die sich auf tiefe Beobachtungen und Kenntniß der Menschen, der Nation und
das Wesen von Regierungen gründen. Viele abstrakte
Räsonnements über die beste Gesetzgebung, wie sie in

Hun-

*) Wie ein Mann, der seit 25 Jahren unter den Staats-Män-
nern in England eine der ausgezeichnetsten Rollen gespielt hat,
und den größten Antheil bey allen wichtigen Gelegenheiten im
Parlamente nahm, über die Anhänglichkeit an einem Chef de
parti, in dem Augenblicke, da er diesem widersprach, ur-
theilte, zeigt folgende Stelle aus Burkes mehr angeführter
Rede: „His confidence in Mr. Fox was such and so ample,
„as to be almost implicite. That he, Burke, was not asha-
„med to avow that degree of docility. That when the
„choice is well made it strengthens instead of oppressing our
„intellect. That he who calls in the aid of an equal un-
„derstanding doubles his own. He who profits of a supe-
„rior understanding, raises his powers to a level with the
„height of the superior understanding he unites with.
„He had found the benefit of such a junction, and would
„not lightly depart from it.

hundert mittelmäßigen Büchern stehen, aber selten wird man heller Blicke gewahr, über das, was jetzt für den National = Charakter paßt, und diesen nach und nach modificiren könnte. Von Gesetzen über die Erziehung wird viel gesprochen. Recht weiß ich noch nicht, was hierin durch Gesetze auszurichten seyn könnte. Bessere Plane zum Unterrichte der Jugend, sind keine Gesetze für die Erziehung, und diese Plane kann man wohl kaum von der National = Versammlung erwarten. Einiges mag vielleicht zur Erhebung und Vervollkommnung der öffentlichen Erziehungs = Anstalten geschehen; allein ein ganz neues System der Erziehung läßt sich in einem Reiche von 25 Millionen Menschen schwerlich durch Gesetze vorschreiben. Durch öffentliche Feste und Belohnungen häuslicher und bürgerlicher Tugenden will man den National = Charakter veredlen, auf das Volk wirken. — Auch diese Ideen werden oft in den Debatten angebracht. Daß für das Volk etwas erfunden würde, woran es hängen könnte, mögte recht gut seyn, da die Religion von ihrem Einflusse sehr verloren zu haben scheint, und viele alte Gewohnheiten und Vortheile zerstört sind, mit denen bisher der größere Theil der Nation spielte, sich labte und erquickte. Durch Autorität und Meinungen ward das Volk in Frankreich, wie allenthalben, regiert. Die Autorität der Menschen hat man so sehr geschwächt, als nur möglich war, den Halt, den auf Glauben angenommene Meinungen gaben, vernichtet. Was will man dem gemeinen Manne an die Stelle geben? Die bis in den Him=

mel

mel gepriesene Metaphysik *) und Evidenz der Vernunft?
Man sehe nur, was damit bey demjenigen, der mit
Hand= Arbeiten sein Brodt verdienen muß, zu erlangen
stehet. Den Patriotismus? Wie weit wird der rei=
chen, wenn der Enthusiasmus des Augenblicks verraucht
ist. Etwas muß er allerdings wirken, aber nie kann er
das für eine Municipalität in Frankreich werden, was
er für Sparta war. In England wirkt er in Verbin=
dung mit der a l t e n Religion, der a l t e n Verfassung,
den a l t e n Sitten, aber ob Rosen = Feste und Erneue=
rungen des Bürger = Eides und Verbrüderungen zum
wechselseitigen Beystande dem Volke genügen werden,
muß die Erfahrung zeigen. Ehe die neuen Einrichtun=
gen nicht consolidiret sind, nicht Sitten der Väter wer=
den, ehe bleibt auf ihre Einwirkung nicht fest zu bauen.
Den Reiz der Neuheit verlieren sie bald, ungleich früher
als sie das Ansehen des Alters erhalten.

Mit den Rosen = Festen scheint es, als wenn einige
die Wiederkehr des goldenen Alters vermuthen. Es wer=
den zuweilen Gemählde aufgestellt, die für das kleinste
Hirtenvolk zu idealisch seyn dürften. Ein innerer Frie=
de, ein Familien = Sinn, soll die ganze Nation beglü=
cken. Wenn es möglich wäre, den schönen poetischen
Traum zur Wirklichkeit zu bringen, wie schlecht wäre nicht

ein

---

*) Cette Metaphysique que les esprits faux et les talens d'o=
stentation ont en horreur, parcequ'il n'y a pas de charla=
tanisme et d'erreurs, que cette Metaphysique ne doive un
jour faire tomber sagt Garat, im Journal de Paris 1790.
p. 583.

ein Frey≠Staat auf diese Arkadischen Schäfer≠Gefühle
gegründet, der nur durch den Streit der Leidenschaften,
welcher die Kräfte der Menschen erweckt, anspannt und
erhält, aufrecht gehalten werden kann. Zu verwundern
ist es, daß noch keiner eine gleiche Vertheilung der Aecker
vorschlug, die zu der Wiederherstellung des jugendlichen
unschuldigen Zustandes der Welt, so nothwendig scheint. —
Mit diesem innern Frieden hängt die für so schön ausge≠
priesene Idee des Herzogs von Levis, einer Brüder≠
schafts≠Erklärung gegen alle auswärtige Mächte, die
Petion de Villeneuve unterstützte, zusammen. Auswär≠
tige Kriege sind zwar wahrscheinlich nicht so häufig durch
die Launen eines Ministers oder einer Maitresse von Frank≠
reich zu befürchten, und dieses ist schon ein großer Gewinn
für die Menschheit; allein Ehrgeitz, Zorn, National≠
Eifersucht herrschen so gut in den Versammlungen der
Volks≠Repräsentanten als in den Cabinettern der Kö≠
nige, und diese Leidenschaften werden immer Kriege ge≠
nug hervorbringen.

Petion de Villeneuves *) Verspottung aller Staats≠
Geheimnisse, die sich auf Unterhandlungen mit auswär≠
tigen Mächten gründen, dürfte schwerlich denjenigen,
der mit Recht alle sogenannte Staats≠Geheimnisse, die
nicht hierauf Bezug haben, verlachet und für höchst schäd≠
lich hält, auch von der Zwecklosigkeit dieser in erwehntem
Punkte überzeugen. Wenn man aber von den Eura≠

K 2   ge≠

*) Pourquoi du secret, lorsqu'on veut etre juste et qu'on a
de la force? sagte Petion.

g e's sagen hört, daß Frankreich keiner Kolonien, keines
Commerzes, keiner Alliirten, keiner Schiffahrt bedürfe,
wenn man sieht, daß so oft die Männer der herrschenden
Partey über unbedeutende Kleinigkeiten wie Scholastiker
streiten und disputiren; dann muß ein großer Theil von
Frankreichs aktiven Gesetzgebern in unserer Achtung voll-
ends sinken. Wie wird nicht ein heftiges Volk, das
diese Grundsätze nicht beurtheilen kann, durch solche
Theorien, die nur auf System = Geist und eine erhitzte
Einbildungs = Kraft, nicht aber auf Kenntniß der Menschen und der Staats = Verfassungen gebauet sind, irre
geleitet werden? Vorzüglich da sich izt so viele Mitglieder der National = Versammlung von der Partey
durch die Journale die sie schreiben, und die Auszüge
von den Debatten, die sie darin mittheilen, das ausschließende Privilegium, auf die öffentliche Meinung zu
wirken, beynahe erworben haben, indem zwar namen-
lose Pasquille genug gegen die Versammlung erscheinen,
aber rechtliche Männer der nicht herrschenden Partey,
von denen allein eine gründliche Belehrung des Publikums
zu erwarten stehet, die nicht statt finden kann, wenn
nur die eine Seite gehöret wird, nur mit äußerster Mühe Verleger zu ihren Schriften finden.

Unter den vielen Mitgliedern der National = Versammlung, die nie oder höchst selten reden, mögen vielleicht
sich einige der besten Köpfe befinden. Der Einfluß dieser
Stimmen hat sich mehrmals sehr wohlthätig durch die
Hintertreibung von Projekten bewiesen, für die die vor-
züg-

züglichsten Redner stimmten. Von der Demokratischen
Partey zeichnet sich Dupont auf eine sehr vortheilhafte
Weise, durch große Einsichten in manchen Fächern, und
noch mehr dadurch, daß er sich von den Ekonomistischen
Ideen, denen er anhängt, nicht zu weit führen läßt, aus.
Er scheint ein Mann zu seyn, der viel Hochachtung vers
dient. Bailly erscheint selten mehr in der Versammlung. Als Maire de Paris ist er genugsam beschäfftigt.
Barnave wird nicht allein durch das Feuer seiner Beredsamkeit merkwürdig, sondern durch manche Gedanken,
die er gelegentlich äußerte, durch das Dekret zur Beruhigung der Colonien, das er gegen Mirabeau durch-
setzte. Schade, daß dieser junge sehr ehrgeizige Mann
durch die Schlüsse der Versammlung zu keiner Bedienung
gelangen kann, und nun die Befriedigung seiner Eitelkeit
darin setzen muß, die Minister durch die heftigsten Angrif-
fe zu beschimpfen.

Von den Rednern der Partey, die am meisten auftreten, einem Petion de Villeneuve, Roberspierre, Roederer, Target, Chabroud, Herzog von Aiguillon, den beyden Lameth, Goupil
de Prefeln, Vicomte von Noailles rc. ist wenig
gutes, in Rücksicht ihrer Einsichten, zu sagen. Das
nehmliche gilt von den Wortführern der Aristokratischen
Seite, wenn man Cazales ausnimmt, der mit Zusammenhang spricht, und manche gute Ideen vorbringt; allein Maury und Epresmenil, der Bischof von Cler-

K 3 mont

mont und Dom Gerle, welches seichte Raisonnement
erlauben sich diese nicht?

Bey der Gährung, die in Deutschland durch die
Französische Revolution hervorgebracht worden, bey der
verschiedenen Stimmung der Gemüther, ist es nicht wahrscheinlich, daß meine Betrachtungen sich vielen Beyfall
versprechen dürfen. Die größere Anzahl der Menschen
hat bereits zu sehr, auf der einen oder der anderen Seite,
Parten genommen. Unser Adel, unsere Geschäfftsmänner fürchten, mit Grunde, so sehr die Anarchie, daß sie
in der Französischen Revolution nichts wie diese gewahr
werden. Unsere Theoretiker, unsre denkende Köpfe aus
dem dritten Stande, hegen, mit eben dem Rechte, das
die andere Parten gegen die Anarchie beseelt, die schrecklichste Abneigung gegen den Despotismus, und finden
nur diesen, wo man ihn zwar am häufigsten, aber gewiß
auch nicht ausschließend, findet, in der unbeschränkten
Gewalt eines Einzigen. Mehrere sehr kluge und einsichtsvolle Geschäfftsmänner, die den Druck von oben herab, und die mit dem allgemeinen Besten unvereinbaren
Prätensionen des ersten Standes in Deutschland genau
gesehen haben, lassen sich von ihren Gefühlen verleiten und
nehmen lebhaft Parten mit der National-Versammlung.
Zu ihnen schlägt sich auch der große Theil derjenigen Menschen aller Stände, die ihre Bildung der Büchergelehr-
samkeit und nicht ihrer eigenen Beobachtung der Welt
und der Staatsverfassungen verdanken. Alle diese werden und können mit dem gegenwärtigen Aufsatze nicht zufrieden seyn. Es bedarf daher einiger Erörterung, warum ich ihn, in vollkommener Erwartung aller ungünsti-
gen Urtheile, an das Licht gebracht habe. Der erste Ends-
zweck von allem, was ich schrieb, war immer, das zu
sagen, was ich als wahr und recht fühlte. Mit dem
Gange, den die Sachen in Frankreich genommen haben,
war ich, aus angegebenen Gründen, unzufrieden. Ich
fürchte

fürchte, daß wahre dauernde Freyheit auf dem Wege nicht
zu erlangen stehe, daß der edelsten besten Angelegenheit
des Menschen grade durch den Weg, den man in Frankreich so oft eingeschlagen hat, mehr geschadet als gehol-
fen werde. Ich habe keine Bemühung gespart, mich zu
unterrichten. Seit einem Jahre sind die Begebenheiten
Frankreichs die größte Beschäfftigung meines Lebens gewesen. Die vorzüglichsten Schriften las ich mit der
größten Anstrengung des Geistes, der ich fähig war.
Aus den Unterredungen mit vielen einsichtsvollen Menschen, von denen einige ganz abweichend und nur sehr
wenige völlig übereinstimmend mit mir dachten, lernte
ich vielleicht noch mehr als aus Büchern. Die Sache
der Freyheit, hatte ich immer wie meine Sache betrach-
tet. Ihr bin ich noch immer bereit, alles was ich habe,
aufzuopfern. Aber es müssen die in Frankreich prädominirenden Ideen nicht mit der Sache der Freyheit verwechselt werden. Vielen Grundsätzen der Demokraten werde
ich eben so eifrig als denen der Aristokraten und der Anhänger des Despotismus entgegen streben. Meine Ideen,
sie mögen gut oder schlecht seyn, sind wenigstens meine
Ideen, die ich ohne Rücksicht auf irgend einen Menschen
annahm. Man hat in dem ehmals zu Teutschland ge-
hörenden Theile Frankreichs fälschlich geglaubt, daß einige
Gelehrte in meinem Vaterlande auf höheren Antrieb ihre
Meinungen über die Sache geäußert hätten. Eben so
sehr würden diejenigen irren die etwa dort von mir das
nehmliche denken wollten. Jeder der die Lage der Sachen
hier nur einigermaaßen kennt, bedarf dieser ausdrücklichen
Versicherung nicht einmal. Einer Vorliebe für irgend
eine Partey bin ich mir nicht bewußt. Ich habe keine
andre Vorliebe als für die Sache der Menschheit. Bisher glaube ich nicht, daß mich Aristokraten und Anhänger des Despotismus zu ihren Freunden gerechnet haben,
und nie werden sie, zur Vertheidigung ihrer Grundsätze,

auf

auf mich rechnen können. Meine Neigung zur Englischen Verfassung, die man mir vielleicht vorwerfen wird, entstand aus Ueberzeugung von ihrer Vortrefflichkeit, nicht einer absoluten in allen Fällen, aber der verhältnißmäßigen *) Ich bin immer noch mehr in der Meinung bestärkt, daß diese, größtentheils zufällig und durch die Bedürfnisse des Augenblicks entstandene Constitution für ein großes Europäisches Reich ungleich besser ist, als was bisher kurzsichtige menschliche Weisheit systematisch aufführte. Von der National = Versammlung und ihren Planen, denen ich meine Beystimmung versagen mußte, habe ich mich bemühet in einem so gemilderten Tone, als nur möglich war, zu reden, das sehr schwach auszudrücken, was ich sehr lebhaft empfand. Mögen die Freunde der neuen Französischen Verfassung mich immerhin einen Aristokraten nennen. Für Namen zittere ich nicht. Habe ich keine Wahrheit gefunden, so habe ich sie wenigstens mit Mühe und aufrichtig gesucht, und nur solche, die eben so viel Mühe und eben so viel Aufrichtigkeit anwenden, sind im Stande mich zu beurtheilen. Gegen das Mißfallen von Aristokraten und Demokraten sey es mir erlaubt, mich mit den Worten des ehrlichen Se r. v an trösten zu dürfen; mit ihm zu sagen: Quand on parvient a me contenter a la fois deux partis opposes, on peut se croire assez voisin de la verité.

*) Meine Gedanken darüber habe ich in einer Abhandlung über den politischen Geist Englands in der Berlinischen Monatsschrift vom Jahre 1786 zusammen vorgetragen.